書系緣起

早在二千多年前，中國的道家大師莊子已看穿知識的奧祕。莊子在《齊物論》中道出態度的大道理：莫若以明。

莫若以明是對知識的態度，而小小的態度往往成就天淵之別的結果。

「樞始得其環中，以應無窮。是亦一無窮，非亦一無窮也。故曰：莫若以明。」

是誰或是什麼誤導我們中國人的教育傳統成為閉塞一族。答案已不重要，現在，大家只需著眼未來。

共勉之。

當少數金融機構控制一切時

指數基金與私募股權基金對經濟與政治的危害

The Problem of Twelve

When a Few Financial Institutions Control Everything

John Coates

哈佛法學院副院長

約翰・科茨

曹嬿恆、柯文敏——譯

目次 CONTENTS

詞彙表

指數基金（Index fund）：一種共同基金的類型，將分散的個人及機構的資金集合起來，投資於某個特定「指數」或清單上的所有公司，這些公司通常是由第三方來挑選，標準普爾500指數（S&P 500）便是一例。

貝萊德（BlackRock）：世界上最大的資產管理公司，大部分資產都是透過指數基金進行投資，也是指數基金「四大巨頭」之一。

先鋒集團（Vanguard）：指數基金的先驅，現在是世上最大的資產管理公司之一，也名列指數基金「四大巨頭」。

道富銀行（State Street）：多元化經營的銀行，率先推出基於指數的「指數股票型基金」（exchange traded funds，ETF），例如iShares，該集團也是指數基金「四大巨頭」之一。

富達投資（Fidelity）：大型資產管理公司，傳統上與主動式管理基金有關，不過現在越來越採用指數基金的方式管理資產，指數基金「四大巨頭」之一。

上市公司（Public company）：一種由數百或數千或數百萬個分散的個人和機構共同擁有的企業，必須向證交會註冊，並定期向公眾揭露資訊。

證交會（SEC）：證券交易委員會（Securities and Exchange Commission），監管上市公司和指數基金的主要聯邦機構。

共同基金（Mutual fund）：一種由基金顧問公司所資助的集體投資方法，對大眾出售股份，承諾任何時間皆可根據基金的資產淨值贖回股份，並將該基金投資於各種資產，例如上市公司股票。共同基金必須向證交會註冊，也必須定期向公眾揭露資訊。

指數股票型基金（Exchange traded fund）：一種集體投資方法，通常在經濟性質上與指數共同基金類似，但在法律和稅務目的上的結構略有不同，也必須向證交會註冊。

私募股權基金（Private equity fund）：一種專注於收購、持有並出售整間公司的集體投資方法，通常主要向機構投資人募資，之所以稱為「私募」是因為它們透過限制所有權的方式，以便無須像上市公司或共同基金那樣向證交會註冊，也因此不需向公眾揭露資訊。

ＫＫＲ：大型私募股權基金發起人，以一九八九年雷諾納貝斯克公司（**RJR Nabisco**）的融資收購案（**leveraged buyout**）而聞名（當時是史上這類收購案當中規模最大者），現在它自己是上市公司，但資助了多個私募股權基金。

黑石（**Blackstone**）：大型私募股權基金發起人，自己是上市公司，但資助了多個私募股權基金。

凱雷（**Carlyle**）：大型私募股權基金發起人，自己是上市公司，但資助了多個私募股權基金。

阿波羅（**Apollo**）：大型私募股權基金發起人，自己是上市公司，但資助了多個私募股權基金。

垃圾債券（Junk bond）：任何未被信用評等機構評為「投資等級」（investment grade）（高等級）的「固定收益」證券（也就是債務），通常風險高於其他種類的債券，經常被用來做融資收購。

前言

當少數分子掌握了能過度影響一國政治和經濟的手段時，就會發生「寡頭難題」（problem of twelve）。在美國歷史上，兩股基本力量的相互衝突，屢次製造出寡頭難題：一邊是金融領域的規模經濟，另一邊則是憲法對分散及限制政治權力的承諾。每一次的「難題」都是一把雙面刃。財富與權力集中在少數人手中，對政治制度和普羅大眾構成威脅，由此引起的政治回應，也會威脅正在聚集財富與權力的金融機構，儘管這些機構能帶來經濟上的好處。

如今，兩個二十世紀後期的機構——指數基金和私募股權基金——正在製造一個新的寡頭難題。它們身為金融組織，既累積並投資資本，也向來主要被當成金融機構來加以監督審查。它們跟其他金融機構一樣，將分散的個人儲蓄聚攏起來，用以進行重大投資。它們促進資本主義的發展，後者為人類帶來巨大的好處——財富、健康和更長的壽命，而不平等、苦難和氣候變遷的生存威脅也伴隨而來。金融透過促進變革來創造價值，但利益的分配不均，又使得「創造性破壞」（creative destruction）的風暴加劇。[1]

但現在，這兩種基金的規模如此龐大，對經濟的影響層面又如此之廣，使得它們擁有自己也未必想要的經濟與政治權力。它們因為手握大權，成為政治威嚇的目標。這兩種機構都展現出「規模經濟」，都經由控制企業而直接或間接地積極參與政治。

它們不斷增加且集中的財富和權力，對民主共和國的基石形成威脅，這基石乃建築在孟德斯鳩的三權分立[2]和聯邦制之上，也就是每個公民學生所學習到的「制衡」（checks and balances）原則。共和國的反應不出所料，以新的禁令、負擔和限制，對各類型機構施加越來越大的壓力。由於指數基金肯定能在美國經濟內部創造價值，而私募基金也有機會如此，所以，它們所面臨的威脅，就和它們對美國民主構成的潛在威脅同等重要。

本書進行方式如下。第一章指出先前由中央銀行、私人銀行、保險公司和「金融集團」（money trusts）所製造出來的寡頭難題。[3]本章總結了對這些難題的政策回應，如何使得居於美國主流型態的企業——由分散的投資人擁有的大公司——落入管理高層的掌控之中，公共正當性（public legitimacy）和當責性（accountability）皆貧弱不足，阿道夫·伯利（Adolf Berle）和加德納·米恩斯（Gardiner Means）在一九三二年便有過如此的診斷。第一章也回顧從經濟大蕭條的谷底重建這些公司的正當性，從而恢復資本主義正當性的法律和政策手段：直接手段是證券法和揭露規定，間接手段則是勞動法、課稅和監管。

第二章回顧在二十世紀最後幾十年間興起的指數基金，並分析其日漸壯大的規模和影響力。金融理論的革新、一種強大的投資理念的緩慢傳播，以及指數基金如何在受到重重嚴密監管下（包括廣泛的揭露規定和禁止對公司施加直接控制權），成功地對大企業產生越來越大的影響，都是這個故事的核心。

第三章描述一九七〇和一九八〇年代規模有限、飽受爭議的收購公司，如何轉變成今日龐大且不斷擴張的「私募股權」行業。私募股權故事的核心部分也是從金融理論和創新開始的，不過，不同於指數基金，私募股權公司一直以來都在努力不懈地經營頗為成功的政治關係和公共關係，令大眾無法得知它們是如何運作和重組被它們所控制的公司。我也會解釋，私募股權作為企業所有權與控制權的一種形式，如何隨著時間推移而變得更為複雜與持久。而私募股權是否能為投資人帶來淨經濟效益，它對其他人可能造成什麼傷害，本章末了將回顧這方面的有限研究。

第四章從政治面闡述這類基金各自帶來的寡頭難題。商業遊說團體為擺脫勞動法、課稅和監管的限制，做出相當成功的努力，與此同時，包含全球化、技術和通貨膨脹在內的新經濟挑戰也連袂出現。結果出現了敵意接管（hostile takeovers）、收購和一種新興且強大的機構投資人運動，而公眾對企業的信任度下跌也全都隨之而來，共同構成當前政治環境的重要成分。在這樣的政治情勢下，指數基金和私募股權基金既令人畏懼，也飽受威脅。

接著，我會檢討指數基金和私募股權基金的政治活動和影響性。指數基金已經面臨權力限制，比其他機構更有可能和散戶投資人的投票意向一致，而且它們的政治立場比人們通常以為的更具有多樣性。跟指數基金相反，私募股權基金正在滲透更多的經濟部門，利用具有政治爭議性的減稅措施來得利、持續打壓勞工且擴大貧富差距，而且不管是提高生產力還是製造社會成本，它們經營任何私人營利業務都能做得有聲有色。這一章會提出具體的例子，說明這些基金各自所構成及遭逢的政治威脅樣態。

本書末了在第五章提出以下問題：我們可以做些什麼？什麼樣的政治因應之道可能遏制這些新出現的寡頭難題？我們是否能降低這類機構各自造成的政治和政策風險，但又不損及它們創造出來的經濟效益？我所提出的分析和答案，涉及主觀判斷下的選擇，只是暫時性的解方。然而很明顯的是，進一步削弱指數基金的政治影響力會招致經濟損失，有些粗率的因應措施，尤其是針對指數基金的措施將付出更高的代價，得不償失。其他措施譬如關係到更多的揭露要求和某種形式的公眾諮詢

（public consultation），則似乎可能會有幫助。介於兩者之間，還有一些值得探索的構想：譬如針對每種基金所擁有的公司更強力執行反托拉斯法（antitrust law）；不僅對基金本身，也對它們的顧問和關係企業應用更嚴格的利益衝突規則；以及除了對投資人，更要對受到這些基金波及的廣大群眾明確闡述並落實信賴義務（fiduciary obligations）。

第一章

鑑往知來：二十世紀的上市公司

當前的寡頭難題是新的問題，但與之前就出現過的問題遙相呼應，只是表現上更為極端。為了理解此一問題的本質、發生的原因和可能的應對之道，我們需要知道過去發生了什麼事情。這一章回顧二十世紀的美國經濟如何被所謂的「上市公司」（the public company）所主宰。上市公司是在證券交易所交易股份的大企業，一些家喻戶曉的品牌如蘋果、AT&T、好市多、埃克森（Exxon）、IBM都是代表性例子。過去這一百多年來，約有七到八成的企業所有權都是由上市公司股份所構成。[1]

美式的民主共和制度和資本主義經濟體系之間，特別是金融方面，存在著深刻的結構化衝突。自建國以來，美國所實踐的民主制度便對任何形式的集中權力抱持懷疑態度，並採取法律與政治手段加以控制。在金融領域，資本主義市場常常會產生規模經濟，因而往往導致財富與權力的集中。結果形成一個反覆出現的演進模式，先是朝著集中化發展，接著引發政治反應，以採取有效的法律與制度，犧牲掉一些經濟價值來防範專制的風險。

二十世紀初期的上市公司擁有許多或好或壞的特質，在今天製造出寡頭難題的基金身上也看得到：[2]規模；成長；集中化；經濟支配地位；政治影響力；透明度、正當性和當責性不足；以及非計畫性治理（accidental governance）。許多這類特徵也存在於銀行、「金融集團」和保險公司等大型金融機構中。這些機構通常也是上市公司，也曾經在美國歷史上引發大規模的政治衝突，結果因此衍生出一直延續下來的結構性法律，用來防止這些機構在控制或治理其他上市公司上扮演重要的角色。此一狀況為指數基金和私募股權基金所製造的寡頭難題創造存在的條件。

上市公司依法由股東正式選舉出來的董事會所監管。在較小的公司裡，這類正式程序能反映現實——一小群股東實質控制董事會選舉，藉此控制了公司的運作。這正是公司法和公司治理的意旨所在。可是，在那些最大的上市公司裡，股東人數早已變得如此之多，每個人擁有的公司股份都不超過百分之一，以至於鮮少見到競選董事會席次的情況出現。由於董事通常獨立行使職權而且是兼職服務，所以指導管理階層的能力有限。儘管到了二十世紀末，董事會的權力增加了，但對管理高層的約束力仍然很弱。因此，二十世紀泰半的時間裡，掌控大型上市公司的並不是公司的擁有者，而是管理高層。阿道夫・伯利和加德納・米恩斯在一九三二年出版的《現代公司與私有財產》（*The Modern Corporation and Private Property*）一書中最早突顯出此一事實。

在過去大半個世紀裡，管理職涯是在上市公司裡以及整個經濟體系中獲得權力的途徑：典型的做法是先取得商學院的企管碩士學位，然後找到一份入門的管理工作，接著在企業的階級制度中穩步晉升。整體而言，管理上的成就是混合了菁英制、偶爾的裙帶關係和組織政治下的結果。綜言之，美國的經濟變得「管理主義」（managerialist）導向，這是一種所有權與控制權分離的模式，引領美國實現了亨利・魯斯（Henry Luce）*所謂的「美國世紀」（the American Century）。[3]

管理主義的出現是兩股力量碰撞下的意外副產品，一個是經濟，另一個是法律和政治：首先是十九世紀生產、運輸及通信領域的革命所帶來的規模經濟效益，其次則是禁止大銀行在美國興起的法律，以及禁止同樣大規模（但已經崛起）的保險公司擁有上市公司股票。

那麼，權力過度集中造成的寡頭難題主要指的便是當前的指數基金和私募股權基金對美國企業經理人這個族群，以及被他們主宰了百年之久的經濟所形成的威脅。為了鋪陳寡頭難題是如何興起的，本章將簡要回顧管理主義如何及為何誕生、如何受到控制，又是如何獲得足夠的正當性，以維繫百年而不墜。

經濟權力握在少數人手中

雖然自一八八〇年代開始，規模越來越龐大的公司導致權力和財富集中，引來反托拉斯法的立法抵制，但所有權分散這個基本事實遲至一九三三年才得到重視與解決，那一年富蘭克林．羅斯福（Franklin Roosevelt）當選總統，開始推行新

* 編按：《時代》（*TIME*）雜誌創辦人。

政（New Deal）。在世人眼中，大公司不具有正當性也缺乏責任感，既不為社會服務，也不照顧股東的私人利益。[4]所有權分散使得財富與權力更加集中——並非像過去那樣集中在銀行或保險公司，而是集中在上市公司身上。

阿道夫．伯利和加德納．米恩斯觀察到，在美國經濟裡，「生產手段」（means of production）（他們借用馬克思的用詞）正集中在前兩百大企業的手裡。他們認為這是一個問題，雖然不全然是寡頭難題，但仍然是個問題。「經濟權力握在少數人手中，」誠如伯利和米恩斯所說的：

「能傷害或造福廣大人民，影響整個區域，改變貿易的走向，毀了一個社區，但帶給另一個社區繁榮。他們所控制的組織已經遠遠超出私人企業的範疇，而變得更接近社會型機構。」

事實上，當時大型上市公司正在變得比政府更強大。它們的支配地位使得識別出是誰在控制它們和如何控制變得重要。伯利和米恩斯率先提出有系統的主張，認為上市公司不再像過去的財產那樣由所有者來監督，而是由專業經理人所管理，他們往往只擁有少量的公司股票。這個「所有權與控制權分離」的主題，是伯利和米恩斯在了解大型企業如何運作方面所做出的不朽貢獻。

儘管伯利—米恩斯評論本身也被批評是言過其實，但它對當時和此後人們如何理解公司產生了巨大的影響，[5]這種影響有部分來自於它一直都是過去幾十年新聞媒體對鍍金時代強盜大亨們（Robber Barons）*的扒糞攻擊、[6]托拉斯與托拉斯剋星之間的戰爭，以及早前對中心化金融（centralized finance）的政治鬥爭等等思想的延伸。進步思想領袖早已注意到經濟規模所潛藏的風險。路易斯．布蘭迪斯（Louis Brandeis）†對任何形式的「巨頭」（bigness）皆大加撻伐，早在一九一四

* 編按：十九世紀末期，靠著買低賣高手段而成為巨富者。

† 編按：已故美國最高法院大法官。

年，他便倡導陽光（資訊公開）是最好的消毒劑，可對治由此產生的腐敗和浪費等弊端。[7]

一九二九年的股市崩盤強化了對這些批判的看法。因為崩盤，普遍存在的詐欺行為被攤開來，使大眾和民選官員有志一同地要求進行改革。誠如喬爾・塞利格曼（Joel Seligman）所指出的：「崩盤……不到十個星期，[8]便有六名國會議員提出監管企業財務報表、保證金貸款（margin loans）或賣空證券的法案。」從一九三〇年到一九三一年，市場跌得更深的這段期間，「出現了一連串法案，但這並非相對籍籍無名的資淺議員倉促制定下的結果，領軍者反而是維吉尼亞州的卡特・格拉斯（Carter Glass）議員……一位終生的保守派……此人通常反對聯邦權力『集中化』……但〔其〕所秉持的保守主義允許一個始終如一的例外……對紐約市的『金融圈』施加聯邦管制手段。」根據商業史學家湯瑪斯・麥格羅（Thomas McGraw）的重述，「到了一九三三年……顯然有必要恢復買家的信心。[9]證券業裡的每個人都知道……必須有所作為才行。」

從一九三二年到一九三四年間，佛迪南．佩柯拉（Ferdinand Pecora）主持備受社會矚目的國會調查，形式仿照本世紀初對保險公司和「金融集團」的聽證會，揭發了猖獗的企業濫行。[10]正如朗．契諾（Ron Chernow）*所寫：「佩柯拉握有的圖表顯示，摩根集團的合夥人在資產達兩百億美元的八十九家公司中，掌握了一百二十六個董事會席次。他後來形容這是『在我們整個歷史上，私人權力擴張到極致的無與倫比的一刻』。[11]」經濟大蕭條毀掉了在大多數美國人心目中，因為先前的經濟成長而為上市公司帶來的任何正當性。

證交會的監管重建民眾對經濟市場的信心

在很大程度上，上市公司終於取得正當性，大多要歸功於富蘭克林．羅斯福在

* 編按：美國傳記作家。

一九三三年採納「充分與公平揭露」（full and fair disclosure）制度，以及在一九三四年成立證券交易委員會（Securities and Exchange Commission，SEC，下稱證交會）來實施此一制度。證交會制定並執行適用於上市公司的管理準則，要求它們發布年報，支付獨立審計費用，並透過制定分散股東的投票方式和提供股東何種資訊的規則，來改善公司治理。這些都是實質、顯著，並且獲得公開宣揚的變革。

這些攤手照耀在上市公司身上的陽光法案，不僅有助於恢復對公司本身以及最終對資本市場的信心，更重建了對整個美國經濟的信心。恢復信心的不只是投資人而已，也包括廣大的民眾在內。新的法律改進現有的公司法，令管理高層對股東負起更多責任，把更大的權力和控制力還給股東，因為他們是投入資本的人，因此承擔更多風險，也對公司所有權擁有最大的主張權利。

對分散的擁有者公開透明，不可避免地也意味著對社會大眾公開透明。隨著透明度提高，人們更有把握公司確實是在從事有價值的產品和服務的銷售，而非只是淪為私人腐敗行為或權力集中的發動機。

證交會起初遭到企業經理人的抵制，攻擊他們是「俄國人」[12]（共產主義分子的意思），這證明了該組織的創立及其原始倡議有其重要性。證交會成立之初在特定領域遭遇到巨大的阻力，尤其是來自證券交易所，該機構在資本市場上的權力在二十世紀二〇年代已經有增無減；此外也來自公用事業，其身上擁有伯利—米恩斯所指出最糟糕的特徵：規模、所有權分散、經濟力量集中和免於問責。然而，經過了充滿衝突的十年過渡期，大多數商業領導人逐漸接受了證交會規則的約束，儘管心有不甘，但也認為若要補救大蕭條的全球經濟弊病，這是比法西斯主義或社會主義等替代方案更溫和的解方了。

儘管在冷戰時期，美國社會主義經常被強調是對自由的嚴重威脅，但人們有時候會忘記，在整個二次大戰期間，它在美國仍然是一個實際可行的選項。[13]直到一九四二年，羅頗—財星（Roper-Fortune）的民意調查發現，還有百分之二十五的人覺得「對整個國家來說……某種形式的社會主義是一件好事」。[14]畢竟，上市公司是大型的自主組織，擁有巨大的權力，卻對受它們所宰制的廣大民眾不用承擔任何責任。在經濟大蕭條期間，它們很難辯稱自己在經濟上優於國營事業，因為後者有一個優點，那就是管理者必須對民主選舉出來的官員負責。

證交會提出新的公開揭露制度，讓人們有理由相信，私有上市公司比它們的國營潛在對手更能實現經濟目標。事實上，證券監管帶給公司的好處不僅僅是恢復政治上的正當性而已。證交會的準則藉由強制公司公開揭露風險並對其行動負責，以及透過協助建立安全的證券交易市場，使投資人願意比在其他已開發經濟體更低的價格提供資本給公司。由於證交會的監管，資本市場深化了，也變得流動性更高，進一步降低資本成本。更便宜且更具有流動性的資本進而幫助公司成長，創造就業機會，並且把財富分配給廣大的勞工和投資人。美國資本市場仍然是世界上最龐大也最深化的市場，這在很大程度上要歸功於證交會。

上市公司三階段生命週期

從一九三〇年代到一九八〇年代，典型的伯利—米恩斯式美國上市公司經歷了一個相當標準的生命週期，由募資和公司治理的三階段所構成。

在第一個階段，企業家成立公司的資金混合了來自儲蓄、「家人、朋友和呆子」的投機性投資，對一九五〇年代以來的許多公司而言，也來自創投公司。證券法對投資人的數量施以嚴格且明確的上限，這些人可能因投資狂熱或遭到詐欺而將個人財富投入公司，同時間，公司仍能維持完全私有化。很多公司可能失敗，但失敗的影響有限，而且也假設投資人有能力照顧好自己。

在第二個階段，當一家企業走到能創造營收並且看來可持續經營的階段後，企業家會經由首次公開發行（initial public offering）來讓公司上市——也就是說，把股份賣給分散四處的不知名投資人，並且在證券交易所掛牌交易。投資人拿到可以在次級市場上出售的股份，也享有強制審計、資訊揭露和證交會監管所帶來的保障。

任何公開發行的過程皆受到嚴密的管制，並禁止某些類型的促銷活動，譬如廣告看板和電視宣傳。有各式各樣的守門人（承銷商、審計員和律師）會協助確保投資人獲知關於公司前景和風險的所有必要訊息。沒有一個投資人能買到足以控制公司的部位，[15]而擁有超過百分之五股份的人也屈指可數。

在第三個階段，所有權與控制權分道揚鑣，分散的投資人出於理性選擇保持無知且被動的立場，上市公司對股東以外的其他人可能造成的任何外部傷害，都會受到來自新政所制定的大量法律與管制規定，以及這些法規所賦權的工會的約束。沒有任何一個或一群經理人能掌控超過一家以上的大型上市公司，而反托拉斯法也大多能防止任何產業被任何一家公司所主宰。個別上市公司或許規模龐大、實力雄厚，而且管理階層在很大程度上享有自主權，但它們並不屬於一個集權式的或協調式的金融權力密集網絡的一部分，在政治場域裡，它們彼此衝突的程度和結盟的程度不相上下。

第二章

指數基金的興起和寡頭難題

第一章所概述的美國公司治理制度正在死亡當中。兩種新型態的機構——指數基金和私募股權基金——已經開始越來越頻繁持續地擾亂上市公司模式。指數基金是普通民眾和大型機構的投資工具：你把錢交給它們，它們會試著複製股市的整體表現，同時只向你收取極少的費用。私募股權基金的投資人則主要是機構，它們買下公司的控制權後，往往會令其退出公開市場，數年後再將這些公司轉賣掉。過去這個世代，迄今為止成長最快的公司所有權型態就是這兩種基金。

本章的主人翁——指數基金——已證明是美國老百姓可運用的一種非常成功的投資方法，自一九七〇年代初期以來便持續成長不歇，二〇〇〇年以後更是一飛沖天、未見頹勢，它們收購的股票數量多到使它們甚至有可能凌駕在大型上市公司的經理人之上。如今，指數基金累積的資本如此之高，握有的所有權又如此集中，使得它們能夠擁有足夠的投票權來強勢影響、甚至決定上市公司的治理方式。企業管理主義有可能被指數基金管理主義所取代。我們的經濟不再由成千上萬家上市公司裡數以萬計的高階經理人所控制，並受到為數眾多且分散的治理機構所制衡。反之，我們越來越會看到一個集中了大約十幾家指數基金經理人的群體所監管的經濟體，這些人集體擁有的企業權力，足以決定大多數上市公司的命運。這就是第一個寡頭難題。

我們用二〇二一年埃克森美孚（ExxonMobil）和一家名為一號引擎（Engine No. 1）、專事氣候影響力投資的新創避險基金之間的委託書爭奪戰，來具體說明指數基金的力量。這場戰爭看起來就像是一場典型的大衛與歌利亞之戰。埃克森美孚擁有超過三千億美元的資產，而一號引擎（取名自舊金山其中一家最古老的消防站）則是由避險基金老將克里斯·詹姆斯（Chris James）自己拿出兩億五千萬美元當種子資金所剛剛成立的公司。一號引擎儘管只持有埃克森美孚〇·〇二%的股份，但仍宣布將尋求競選以取得四席董事。沒有多少人認為這項努力有多大的成功機會：近年來，外部股東換掉既有董事會成員的嘗試，成功的不到一半，[1]而當股東手上握有的籌碼小，鎖定的上市公司又很大時，這種行動的勝算機會更是微乎其微了。

然而，令所有人（幾乎可以肯定也包括埃克森美孚董事會在內）大吃一驚的是，一號引擎在二〇二一年五月二十六日的股東大會上贏得三席董事。這個結果之所以格外引人矚目，是因為一號引擎並沒有循著傳統的股東行動主義路線來競選，訴求埃克森美孚的表現欠佳，或宣揚它能進行某種財務重整來釋放股東價值，儘管績效不善也包含在一號引擎所釋出的訊息中。相反的，它把核心論點放在氣候對該公司造成的財務風險上：面對氣候變遷帶來不斷上升的財務風險，埃克森美孚進行綠色轉型的速度不夠快；這當中既有實體風險，又對一家石油天然氣公司來說，更重要的是還有「轉型風險」，也就是公共政策可能會使能源市場基本面快速轉向永續能源發展，把埃克森美孚抛到腦後。一號引擎的提名人不但有一名石油公司的行銷高階主管和一位來自Google的策略家，更網羅了一位來自石油煉製與銷售公司的永續長[2]和一家風力發電公司的執行長。甚至在這場競爭激烈的投票之前，埃克森美孚就承諾將增加一位有永續投資經驗的董事會成員，企圖藉此削弱一號引擎的訴求。

從我們的角度來看，重要的是兩家知名指數基金投下的票對一號引擎的成功有著重大貢獻。世上最大的指數基金管理公司貝萊德（BlackRock）控制了十兆美元資產，其執行長勞倫斯・芬克（Larry Fink）已經多次公開表示，他的公司會希望投資的企業能更加重視其活動所面臨的長期風險，尤其是氣候變遷方面。埃克森美孚的投票是一個重要的里程碑，證明芬克並非空口說白話，而是會採取實際的行動。擁有超過八兆美元資產的先鋒集團（Vanguard）的投票更是令人意外，比起貝萊德和道富銀行（State Street）（三大指數基金顧問公司的第三名，擁有超過四兆美元資產），先鋒集團對於公開承諾支持任何形式的股東行動主義，向來抱持著謹慎小心的態度。然而，先鋒也投票支持一號引擎的提名人。

指數基金的興起

一九六〇年代和一九七〇年代初期，在麻省理工學院管理學教授保羅・庫特納（Paul Cootner）、[3]普林斯頓大學經濟學家柏頓．墨基爾（Burton G. Malkiel）、芝加哥大學經濟學家尤金．法馬（Eugene Fama）[4]和麻省理工學院經濟學家保羅．薩繆爾森（Paul Samuelson）[5]等人的著作裡，學術研究人員提出了幾個對許多人來說仍然違背直覺的大膽想法：

- 股票價格反映了所有可用的訊息——「效率市場假說」（efficient market hypothesis）。
- 因此，股價會「隨機漫步」（random walk），不可預測。
- 一般散戶最好的投資方法，是把他們的儲蓄交給那些不會試圖預測市場，而是單純購買並持有預先設定好一籃子股票的基金。

薩繆爾森的研究乃借鑒了一篇更早但大多為人所忽視的一九〇〇年博士論文，那就是法國數學家路易斯．巴契里耶（Louis Bachelier）所寫的《投機理論》（*The*

Theory of Speculation）。與墨基爾及薩繆爾森的研究大約同時，芝加哥經濟學家費雪・布萊克（Fischer Black）和麥倫・休斯（Myron Scholes），以及麻省理工學院經濟學家羅伯・莫頓（Robert Merton），也用了同樣的方法開發出至今仍然是股票及其他資產選擇權的標準定價模型。[6]

這個學術理論的結果讓共同基金有了致力維持**真正**被動性的商業理由。學者們認為，基金保持被動性，就能大幅降低自身的成本。它們只要投資在一個第三方編製的股票「指數」——不是投資一家公司或一組公司，而是投資所有的公司——而且它們可以用固定的方式來做，譬如單純根據指數中的公司股票市值來配置資本就好了。

不過在整個一九八〇年代，這項研究對學術圈以外的影響並不大。基金還是很積極地斥資聘請金融專業人士，試圖從上市公司裡面挑選贏家和輸家。共同基金並未迅速占領零售投資市場，許多人繼續直接持有股票，而儘管基金的成長穩健，但速度卻很緩慢。共同基金成為上市公司的重要擁有者，卻也（即便整體而言）不具主導地位。

剛被威靈頓基金管理公司（Wellington Fund）解僱的傑克・柏格（Jack Bogle），在一九七四年做了一個大膽的舉動，直接以此一金融理論的學術革命為基礎，創立先鋒集團。先鋒在一九七六年推出第一個可供一般大眾投資的指數型共同基金[7]「第一指數投資信託」（First Index Investment Trust），也就是先鋒500指數基金（Vanguard 500 Index Fund）的前身。先鋒承諾收取業界最低的管理費，矢志放棄主動選股，或說實在是放棄了機構投資人的大半職責。它反而把投資人投入的資金[8]單純拿來買進並持有在某個股票指數下由第三方所挑選的所有股票。

持平的說，先鋒大膽的資產管理新理念並沒有馬上就受到歡迎。事實上，它還遭到華爾街的訕笑，人們說這檔基金是「柏格的笨把戲」（Bogle's Folly）。[9]五十年後，先鋒集團的基金擁有的美國上市公司股權，比美國史上任何個人或組織還多，能與之匹敵的只有另一個指數基金集團貝萊德，世上最大的資產管理公司。二○○五年，薩繆爾森將柏格的創新與輪子、字母及古騰堡印刷機相提並論。一位金融經濟學家誇大了指數基金對人類的整體重要性或許情有可原，不過它無疑是世界史上最傑出的金融創新之一。而一如柏格自己在二〇一九年辭世前所承認的，先鋒集團正是寡頭難題的核心。

指數化投資的論據

上述金融革命的複雜奧祕成分，如何在現實世界裡轉化成指數化投資的論據？在考慮財富和權力集中於少數所引發的政治困境時，說明指數基金存在的理由也是一個很重要的基本原則——保留指數基金作為個別投資人的一個選項，有多麼重要呢？

指數基金的基本賣點是，它們提供美國散戶一個有成本效益的方式來進行廣泛分散化的投資，尤其是百分之九十九的人的財富並沒有多到需要聘請一位全職且值得信賴的個人財務顧問。和這類投資人直接投資上市公司股票比起來，指數基金提供計入風險調整後的報酬是更好的，平均而言也優於透過其他機構管道進行投資。說沒有人能打敗市場是不正確的。確實有許多專業人士能為他們的投資客戶創造額外的價值[10]——也就是說，他們可以透過選股或加權，來獲得比單純投資標準指數更高的報酬。

然而，個別投資人的問題在於他們不容易或根本無法明辨哪些金融專業人士能打敗市場，哪些人又不行。即便是學有專精的研究人員也很難在事後做出判斷。一名專業人員的經驗和績效，對於他們為客戶創造未來報酬的能力也許很重要，不過，過去的成功也可能只是運氣使然。

無可辯駁的是跟其他共同基金比起來，指數基金的收費極低，而且隨著時間一久還會變得更低。[11]傳統的股票指數基金費率是〇．〇六%，相較之下，中等規模的股票共同基金收費是指數基金的十五倍。這種明顯的差距使得主動式管理的基金更難超越指數基金的表現，而個別投資人想要在一群表現不佳的人當中找到最好的主動式基金經理人，藉此獲得更好的投資報酬，就更難了。

指數基金不僅收費比較低廉，需要投資人付出的時間與注意力也更少。對個別投資人來說，選定並投資一家聲譽良好的低成本指數基金，要比直接進行投資來得簡單太多。就算散戶投資人投資於和一檔指數基金相同的標的證券，而且自付的交易成本一樣多（事實上這是做不到的），指數基金還是比較便利。部分原因在於公司會合併或退出市場，也會有新的公司加入，所以指數的成分股會不斷變化。個人進行直接投資，便須持續買入新的股票（還要紀錄、報稅並執行其他後勤作業），才能維持和單一指數基金相同的分散化投資組合。

監看主動式管理基金也比監看指數基金更花時間。主動式投資策略必須隨著市場變化而有所演進，而優秀的主動基金投資組合管理團隊的重要成員可能會退休或離職，因此，比起指數基金，個別投資人必須投入更多心力來監看主動式基金。

總而言之，對個別投資人來說，指數基金提出很有力的價值主張，即便它奠基在一些違反直覺或不完整的基本理念上，譬如股價會隨機漫步，又花錢尋求金融建議通常適得其反。指數基金比較便宜、易懂，也比其他投資方式更容易監看。

指數基金投資的成長

如表二·一所示，從一九七六年到二〇〇〇年間，隨著人們對指數基金的優點有更廣泛的理解，指數基金的持股比例呈現穩定但緩慢的上升。[12]直到二十世紀末，基金的成長仍相對受限，最終僅持有美國股市總市值的二%。二〇〇〇年，摩根士丹利（Morgan Stanley）推出一系列的「指數股票型基金」（exchange traded funds，下稱ＥＴＦ），管理方式類似於指數基金。這條業務線後來被賣給巴克萊銀行（Barclays），接著又轉手給世上最大的資產管理公司，也是先鋒集團在指數基金市場上最強勁的競爭對手——貝萊德集團。擁有四·五兆美元資產的富達投資（Fidelity）曾經以抵制指數基金現象數十年而聞名，但它現在投入指數化策略的資產超過主動管理式基金，而它靠著指數化資產總額，與先鋒集團、貝萊德集團及道富銀行並列「四大巨頭」，成為其中的第四名。

自二〇〇〇年以來，指數基金和ＥＴＦ的成長更加戲劇化，無論是絕對成長

表二・一：純被動型指數型基金或ETF持有美國公司所有權的成長性，一九九〇年到二〇二〇年

	（1）	（2）	（3）	（4）	（5）
	美國國內股票指數基金資產（十億美元）	（1）占美國股票市場總市值的比例	美國國內股票ETF資產（十億美元）	（3）占美國股票市場總市值的比例	純被動型美國基金（2）+（4）
1990	n.a.	<1%	$0	0%	<1%
2000	$344	2%	$63	<1%	2%
2010	$701	4%	$476	3%	7%
2020	$3436	8%	$3183	8%	16%

資料來源：美國投資公司協會（Investment Company Institute）（基金資產），世界交易所聯合會（World Federation of Exchanges）（市值）

或相對成長的規模都很龐大，這二十年間的年複合成長率達到一五%。

眾所皆知，美國的被動型、指數型共同基金在整個美國股市的持股比例超過一五%，在大型公司指數（譬如標準普爾500〔S&P 500〕）的比例甚至達到二〇%或更多。和其他類型的共同基金比起來，指數基金的成長更是迅猛。正如一份報告所指出的：「指數型共同基金和指數型ETF的資產合計占長期基金的比例，在二〇一一年底是二一%，到二〇二一年底上升到四三%。」[13]

指數基金這一行的發言人為了化解政治上的疑慮，有時候會用各種統計手法來弱化指數基金的成長表現。比方說，在披露資產規模時，他們會用到占所有全球公司或所有美國公司的比例，[14] 此舉往往能拉低公布的數字。可是從治理和控制的角度來看，大型公司或組成標準普爾500的那種公司，對投資人、經濟和社會來說才是最重要的。指數基金持股比例最高的也是這類公司。伯利和米恩斯在一百年前就認定大型上市公司在美國經濟中占有主導地位，這個情況至今仍然不變。指數基金對這些公司的所有權，最能呈現寡頭難題的樣貌。

事實上，大多數描述指數化投資崛起所用到的標準數據，低估了指數化近期成長的規模和重要性。表二．一呈現的數字是由被動式指數工具所管理的美國股票的占比下限。它們遺漏了其他類型機構譬如退休基金、保險公司和非營利組織持有的資產，這些資產通常是用被動式、指數化的方式管理，而提供管理服務的往往也是同一家顧問公司。此外，過去二十年來，外國基金持有美國上市公司股票的比例也增加了。外國投資人目前擁有約二〇％的美國股票，其中很多股權都是透過指數基金持有的。[15]儘管缺乏確切的數據可以知道有多少，但可以合理假設，與美國本土相比，外國投資人對美國投資組合公司的持股裡，真正屬於被動式管理的比例更高。而一些美國上市公司中由外國投資人持有的指數化資產，實際上是由美國的指數基金管理公司所掌控的（圖二・一）。

最後，名義上被歸類為主動型的基金，其持有的資產其實還有很大一部分實質上是指數化資產。這是因為主動型基金的績效會被拿來跟被動型基金比較，所以，主動型基金通常基本上會持有與某個指數相同的股票，然後挑選少數幾家公司來增加持有或減少持有，透過這個方式盡量降低管理成本。這使得它們能夠與指數基金有所區隔，同時又不試圖對每一家投資組合公司進行詳盡的分析。先鋒集團主要專注於純粹的指數化策略，但貝萊德、富達投資和道富銀行也會管理大型的主動式基金，從而增強了它們身為大型指數基金顧問公司所能施展的治理權力。

總而言之，任何關於指數基金金融實力的官方數據，其實都低估了寡頭難題的嚴重性。

圖二・一：美國股票的外資持有比例

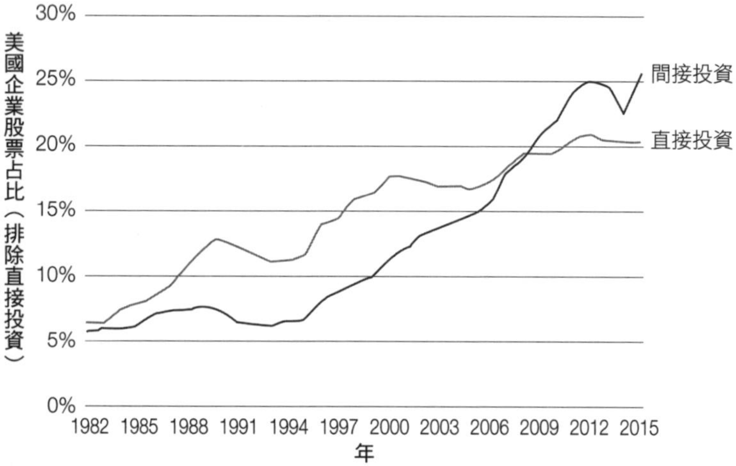

資料來源：聯準會管理委員會（Board of Governors of the Federal Reserve System）《美國金融帳，表L230和表L223》（Financial Accounts of the United States, Tables L230 and L223）

指數基金持股權迅速崛起的原因

為什麼指數基金持股權在二〇〇〇年以後迅速崛起？我們是否能從它的成長原因知道這個趨勢是不是會持續下去？又還會持續多久？

指數化投資剛問世時，機構可進行的投資受信託法的約束。受託人為履行信賴義務（fiduciary duties）之故，往往會把錢拿來做相對安全的投資。一九八六年到一九九七年間，各州陸續放寬受託人義務。這些法律上的改變既允許受託人可以按照當代投資組合理論進行投資，也給了他們這麼做的誘因。[16]不過，此種說法的解釋力僅止於此。它可以用來部分解釋機構延遲採納指數化投資的現象，卻無法說明個人和機構投資人在指數化投資上長期而緩慢的上升趨勢。

另一個原因是由於新技術的問世，使得追蹤紀錄成千上萬個基金投資人，並且將他們的資金引導到數百家或數千家上市公司的相關成本在一九七〇年到二〇〇〇年間有所下降。試算表、電子郵件、網際網路和其他種桌上型電腦技術在一九八〇年代和一九九〇年代逐漸進入投資領域。指數的計算與發布變得更加容易。

全球化是資本流向指數基金的另一個原因——由於資訊的傳播，加上降低金融交易障礙的法律變革，使得跨境投資摩擦減少了。投資人對自己的國家和經濟有更多的認識，因此，在全球化的金融市場上，指數基金投資變得相對吸引人。

然而，最重要的是，基本但違反直覺的智慧要能讓大多數一般投資人入心，就是需要花很長的時間。應該雇用相當於一台機器（而且還是簡單版的機器）而非人類專家才對，這個觀念對許多人來說是難以置信的。叫自己的財務顧問不要去思考個別投資項目，這怎麼說得通呢？

雇主越來越會把指數基金列為退休儲蓄計畫（401K Plan）的預設選項，而退休基金的董事會也正逐漸將一部分投資組合配置於指數化策略。折扣經紀商已蠶食傳統經紀商的業務，使得人們少了一個可能偏向主動式管理的諮詢來源。一旦某個投資人明白指數化投資的道理，或機構投資人轉而改採指數化策略，慣性加上缺乏令人信服的反敘事將他們帶回主動式管理，便成了指數化投資穩定擴張的溫床。

總而言之，導致指數化投資緩慢但持續增長的主要力量有可能會一路發威下去。散戶投資人慢慢地接受了自己無法洞悉市場行情，或找到能打敗大盤的投資經理人，這個情況將繼續為指數化投資提供一條穩定成長的道路。在指數基金的投資人眼中，扣除掉費用後，有本事提出令人折服的理由證明他們可以勝過市場的主動式經理人將少之又少。

終歸一句話，指數基金目前持有超過二〇％的美國大型上市公司股份。若目前的成長率無限持續下去，到二〇三五年，整個美國市場都將被這類基金占據。成長當然不會無止無盡，這是因為隨著主動式管理的資產減少，主動式基金的績效更容易勝過指數基金，兩者終究會達到一個平衡點。不過，即便成長趨勢趨於平緩，很多上市公司的大部分股權仍將很快落入指數基金手中。

規模經濟

與其純粹看指數化投資的成長，它對市場集中度的影響反而是更重要的。就跟一般的資本投資一樣，指數基金也享有規模經濟，而且比其他類型的基金更勝一籌。[17]指數化投資在本質上並非高附加價值的服務，不同的投資經理人也別想在這一行做到獨樹一幟。指數化投資不以超越市場為目標。而指數基金的成長也不會帶給它什麼困擾，這是因為在更大的基金規模下，想要追上大盤的表現並不會困難太多，因應規模成長，需要做的只是按現在的市場價格找到更多股票來買就好了。

相較之下，真的想要打敗大盤的主動式基金經理人，會發現隨著他們管理的資本變得更龐大，這件事的困難度就會越來越高。對指數基金而言，以可靠和低成本建立起來的品牌才是最重要的，而品牌的價值往往會隨著規模擴大而水漲船高，並非縮水。

拜規模經濟之賜，指數基金和ETF的成長速度已經逐漸凌駕於跟它們最接近的競爭對手——主動式基金之上。即便是在債券之類的證券市場上也是如此，先鋒集團的指數基金在二〇〇〇年還無法擠進前十名，如今，它是世界上最大的債券指數基金。先鋒集團在股票市場的市占率成長速度比較快，所以集中化的程度向來是更明顯的。少數幾家其他大型指數基金業者也是如此。

由於規模經濟和缺乏足夠的差異化空間之故，新的指數基金很難打入市場。相較之下，主動式管理基金則持續地有新血加入和成員更替。在二〇一八年，美國本土股票基金有超過四四％的資產採被動式管理，比起二〇〇九年的一九％有顯著的提升。[18]

簡言之，指數化投資的興起整個抬高了所有權集中化的程度。主動式管理基金雄霸共同基金市場的時候，其管理的資產分散在數百名投資顧問公司身上。如今，指數基金已經接管共同基金市場，但有規模的指數基金卻寥寥可數，結果使得股票所有權集中在極少數的指數基金業者手上。

先鋒、道富和貝萊德這三大巨頭如今控制標準普爾500指數企業超過二〇%的投票權，遠高於過去任何三個單一投資人持有美國上市公司股份的總和。[19]而且它們的持股還在繼續增加。在二〇一七年，先鋒擁有ＩＢＭ公司七%的股權，貝萊德和道富則各自分別擁有六%，加總起來是一九%。到二〇一八年底，這三大巨頭對ＩＢＭ的持股提高到二一%。同樣這三家基金集團也擁有康菲石油公司（ConocoPhillips）超過二〇%的股份。如之前所提到的，富達投資現在也主要是一家指數基金顧問公司，當它加入先鋒、貝萊德和道富的行列，這四大巨頭在二〇二二年對標準普爾500的所有權就會上升到二五%的水準。

更普遍地來看，基金的集中度提高了。在標準普爾500指數中，有將近三分之一的上市公司，其持股比例合計超過二〇%的股東數僅四個或更少，這種集中化的加深有很大程度歸因於指數化投資的成長。二〇〇五年，前五大基金家族掌控了所有受監管基金資產的三五%。到二〇二二年，這個比例已經成長到五四%。標準普爾**500**指數企業的大宗股權（持股比例在五%以上）有超過六成是由四大巨頭所擁有的。[20]

更重要的是，這些比例其實低估了三巨頭影響股東投票的能力。一般來說，大部分的股東是不投票的，[21]即便面對競爭激烈的選舉，又即便這些股份是由其他類型的機構所持有也一樣。因此，在一場競爭性的選舉中，百分之二十的所有權實際上代表將近百分之三十的可能選票。這樣的票數占比通常是很關鍵的。再加上另外幾家基金，以及聽從ＩＳＳ（Institutional Shareholder Services，機構投資人服務公司）和**Glass Lewis**等代理顧問公司建議的其他投資人握有的選票，[22]這群指數化投資人的集體投票權幾乎總能把這類競爭裡的中間選票涵括進來。[23]

這就是指數基金所製造出來權力集中於少數的寡頭難題。我們再也不是生活在一個伯利—米恩斯的世界裡。我們正快速步入另外一個世界，在這裡，大公司的大部分股權今後都將掌握在少數機構手中。這些機構進而又被少數的個人所掌控。不管任何公司，公司的所有權，更重要的是選舉董事的投票權，都將控制在為這些機構工作的少數人手上。不誇張的說，即使這種大趨勢開始趨緩，未來十到二十年，美國最大的一千家企業恐怕將有大多數會落入不到十幾個人的股掌中。

巧妙利用「控制」和「影響」間的法律模糊地帶

指數基金如何一方面與管理主義並存，一方面又製造出寡頭難題？

讓我們回過頭來，從公司治理的角度探討指數基金如何運用它們的資產，並且更深入地認識寡頭難題的確切樣貌。有一個關鍵點是指數基金實際上並非完全控制每一家上市公司的營運。它們行事小心謹慎，避免任何人能成功地宣稱它們在法律上「控制」任何一家上市公司；反之，它們利用了「控制」和「影響」之間的法律模糊地帶。那樣的影響力是強大的，但也受到約束。因此，即使它們為自己的投資者創造巨大的經濟利益，但從治理的角度來看，它們也引發了三方面的批評：擁有過多的控制權、運用其控制權來傷害消費者，以及過度順從管理階層。

從政治的角度來看，指數基金恐怕呈現出兩種最糟糕的狀態——一方面是權力集中和權力過大的風險，但另一方面實際上又被動消極，而且治理作為不足。當它們發揮力量敦促公司採取不同的作為時，他人會基於權力過度集中的弊病而加以批評。當它們選擇不行使權力，又會遭致未能履行職責，看顧好股東財富的責難。有些指數基金的發言人指出這些對立的批評證明了它們就跟童話故事裡的金髮姑娘（Goldilocks）* 一樣，做得恰到好處。然而在政治的現實裡，擁有兩個立場矛盾的敵人並不總能、甚至常常無法得到大眾的支持。事實上，指數基金因未能積極維護股東財富而削弱了自己的正當性，儘管它們也因為擁有過多的權力而遭到批評。

憑藉著持有上市公司的股票，指數基金理論上有權參與公司治理，包括投票、監督和互動。事實上，法律賦予的義務也鼓勵指數基金在治理上付出一些（也可能是最小限度的）努力，[24]譬如投票。指數基金顧問業者也可能基於公關的理由參與部分公司治理活動。[25]治理活動能吸引媒體的關注，從而有助於基金以節省成本的方式聚集更多資產（有人認為，這是一號引擎在埃克森美孚發起股東行動主義運動背後真正的動機）。不過，只要指數基金在整體市場的占比小——亦即直到二○○○年以前——它們在任何一家公司的持股比例自然較小，對公司治理的影響也就不會太大。

指數基金就跟它們所代表的分散的個別投資人一樣，理性上並無動機參與太多公司治理活動，因為不管得到什麼好處都將跟該投資組合公司的其他股東共享，但付出代價的卻是基金及其投資人。持股○・一%的股東投入公司治理活動，能得到可量化的實質好處的例子少之又少。對於主動式和被動式投資人、個人和機構投資

* 譯注：英國小說《三隻小熊》主角，不小心闖進熊屋並使用食物傢俱後，覺得不冷不熱的粥和不大不小的床和椅子最好。此一故事在金融業被用來形容經濟不冷不熱的完美平衡狀態。

人來說，莫不如此。

指數化投資剛發展起來的時候，它在公司治理上所扮演的角色，與美國上市公司的其他投資人並沒有什麼不同。可是等到指數基金在各大上市公司的持股比例超過一〇%，到現在的超過二〇%，它們的治理潛力便不能等閒視之。除了考慮到規模之外，也是因為它們相對集中化的關係。理論上，一千個各自擁有一家上市公司〇．〇一%股份的個別股東，和一家持股一〇%的單一基金擁有相同的投票權。但在現實中，該基金的影響力遠勝過個別投資人。指數基金特有的規模經濟促成集中化，進而帶來治理權力。

指數基金經常與避險基金、其他機構型股東（尤其是退休基金）及專司治理的專業人士合作，共同施壓上市公司經理人採取各種行動，藉此擴大自己的權力。在這樣的分工下，指數基金擁有了越來越高的實質影響力。這種影響力表現在幾個方面：影響政策、影響並支持公司治理行動主義分子、溝通互動，還有也許最重要的是爭奪公司的整體控制權。

影響政策

指數基金業者會制定並發布政策，指導其投資組合公司的董事會及經理人必須採取的各種決策。這些政策並非針對任何一家上市公司，而是通案處理。例如，一家公司的董事會成員是否應實施任期交錯制，執行長的薪資是否應根據股東整體報酬或其他一些指標來制定，以及該公司是否應揭露其政治活動。

當基金的政策立場轉化成對特定公司的實質投票行為時，便無可避免地會反映出它們對這些公司的管理、績效和策略的看法，儘管股東並不會直接對這些事項進行投票。由於基金顧問業者的實際投票行為和觀點通常是公開的，所以它們也能收到其他同業如何看待管理、績效和策略的強烈訊號。不需明白的串通，就能發出極為不謀而合的訊號，表達對彼此以及對投資組合公司管理階層的期望。指數基金業者不必明白地公然指揮或行使權力，理性的經理人就會去推測其目標和偏好，然後在某種程度上投其所好。

影響並支持公司治理行動主義分子

除了發揮直接的政策影響力外，指數基金顧問業者也提升了一個有時被貶稱為公司治理激進派（governistas）[26]或「治理機器」[27]的網絡的影響力，該網絡是由一群公司治理行動主義分子組成，成員包括學者、公共退休基金經理及員工、個別的牛蠅（gadflies）*和ＩＳＳ及Glass Lewis等代理顧問公司的員工。在這個過程中，指數基金與其他主要的機構股東代表會面，有時候還是在筆者所屬機構（哈佛法學院）舉辦的活動上。在會議裡，與會者小心翼翼地讓討論局限在政策層面，而不針對任何公司。儘管如此，他們還是就整體而言應該如何處理這些課題，彼此分享並共同形成觀點，這對於他們如何應用在具體案例上有著明確的意涵。這些觀點和討論是指數基金業者制定政策的部分依據，可以隨著具體情況而調整。經由這個過程，他們在許多（就算不是全部）股東經常投票的議題上，取得高度的協調性。

因此，一家大型的指數基金顧問業者宣稱它支持或不支持某個公司治理立場，會對最初提起那些議題、進行辯論、並形成投資社群意見的人，產生更大的影響力。舉個例來說，甚至在埃克森美孚和一號引擎大打委託書爭奪戰之前，貝萊德就在催促埃克森揭露全球氣候變遷政策對其長期投資組合的影響。[28]當貝萊德宣布支持某個股東要求這類揭露的提案時，它的聲明不只反映出投票意向，更引發一波媒體報導，[29]並且影響了其他機構和公司治理專家，令他們認為類似的環境資訊揭露比以前更主流也更可接受。貝萊德先發出聲明，隨後先鋒集團也投票支持該股東的提案，據媒體報導，和前期其他大型投資人比起來，先鋒在股東投票時向來落後於環保趨勢。[30]二〇一七年的這次埃克森股東投票導致更多公司在二〇一八年採取行動，以免在該議題上拿不到股東的票，[31]這有可能是一號引擎選擇在何時何地發起自己的運動的部分原因。

* 譯注：意指積極倡導公司治理理念的人，像一直叮咬牲口的飛蟲那樣持續不斷地提出批評來刺激騷擾目標對象。

透過機構股東溝通互動

另一個發揮影響力的管道是透過機構股東所謂的溝通互動，派員與投資組合公司的代表會面，有時親自碰面，更多時候是透過電話，而有時僅僅只用郵寄或電子郵件發出信函。機構股東試圖透過這些會議影響管理階層，傳達它們的政策、它們如何處理新的議題，以及它們對於管理階層及其如何回應公司的挑戰，有著什麼樣的看法。這些溝通互動可以是幾分鐘，也可以持續幾個小時。

貝萊德二〇一九年的公司治理報告指出，從二〇一八年七月到二〇一九年七月，該公司「與將近一千五百家公司進行了超過兩千次的溝通互動」，[32]其中包括與三百七十五家公司的「多次會議」。和二〇一七年相比，互動的程度有顯著的提升，[33]當時貝萊德報告說它進行了大約一千三百次溝通。同一時期，道富銀行的互動次數是一千五百三十三次。先鋒則是從二〇一四年的四百四十三次增加到八百六十八次。[34]在特定議題上，道富銀行說它已經與一千三百五十家公司溝通過董事性別多元化的問題，並指出其中四三%的公司已「回應我們的訴求，增加了一名女性董事或承諾會做到」。[35]

即使進行一次互動（譬如寫一封信）所付出的成本頗低，但溝通過程中所傳遞的訊息，經過投資組合公司的管理階層放大後，卻能產生重大的影響。這是因為這些互動對管理階層發出重要的訊號，讓他們知道當投票時，投資人對議題，或對爭奪控制權、股東行動主義運動或合併等等其他事項將會如何表態。公司經理人只要想到這類事件有可能發生，並考慮到指數基金在事件裡的影響力，便有很強的動機去回應指數基金的願望。

爭奪控制權、股東行動主義運動和合併

可以讓指數基金發揮最大影響潛力的正是這最後一個管道——爭奪控制權、股東行動主義運動和合併。當管理階層提出一項需要股東投票表決的合併案，或當另

一個股東——通常是避險基金——提議出售公司、試圖在董事會安插人選，或為了公司控制權而全面發動委託書爭奪戰時，指數基金的影響力就會顯著增加。就跟普通股東的提案一樣，只要最主要的幾家指數基金採取相同立場，[36]那麼在有爭議的合併表決案或委託書爭奪戰中，此一立場通常便能發揮關鍵的作用。

貝萊德的報告稱它在二〇一九年七月為止的一年內，對三一%的反對案投下贊成票，比起二〇一七年的一九%有所增加。先鋒集團則在二〇一八年及二〇一九年各參與了超過七千五百次合併表決案，在這兩年內投票反對超過六百件合併案。儘管相對於合併表決案的總數來看，這個數字只占很小的比例，但從絕對數字上來看是很大的，大到足以讓計畫提出合併案的管理階層有所顧忌，因為對公司和管理階層來說，合併案投票不通過的代價是很高的。道富銀行則說，在二〇一九年七月結束的那個會計年度內，他們有六%的溝通互動與徵求委託書、合併及收購有關。

這種影響力若要發揮直接效應，其實需要其他條件的配合。要讓指數基金經由這個途徑行使實質的權力，便須有其他參與者先行採取行動：某個積極的避險基金或其他行動主義派股東提出一項決議或競選董事會席次，譬如像埃克森美孚的攻防戰那樣；或上市公司的管理階層必須提出一項需要投票表決的合併案或其他議案。然而，經理人知道這些事件經常發生，也知道指數基金對這些事件的結果具有關鍵作用。

具體而言，當指數基金與一家上市公司溝通互動時，該公司的執行長知道在自己卸任前，大有可能面臨爭奪控制權、股東行動主義運動或合併等事件。所以在這種時候，執行長們會保持敏銳，留心聆聽對方的意見。他們知道一旦進入股東表決階段，指數基金會觀察公司是否依照股東的意願行事。在溝通互動中所培養出來的信譽和關係，會影響未來的投票行為。

審視指數基金顧問業者如何運用它們的權力來控制上市公司，檢討下來的結果發現它們既非行使完全的控制權，也不是像二十世紀伯利—米恩斯式企業裡的投資人那樣被動無作為。指數基金經理人不會只是盲目地在它們的指數裡選股，然後便置之不理，而是已經、也越來越會運用多重管道來影響規模不一的各類上市公司。

它們對治理議題的觀點、對執行長們的看法、對特定公司實施變革的期望、對行動派避險基金的提案的回應與評價——凡此種種，對美國經濟核心機構的運作方式都重要至極。

當一家大公司的績效表現落後，便會有遭到行動派避險基金鎖定的危險。一旦發生這種情況，指數基金如何看待該公司的管理與策略，決定了它對避險基金的提案是支持、反對或保持中立。從撙節成本到技術投資，從併購交易到企業法令遵循支出，指數基金讓董事會察覺到的壓力，在公司的各種日常和重大決策中都將發揮重要作用。

接著，這些決策會對社會與經濟的廣泛運作形成連鎖效應。提高股東報酬的壓力會導致裁員。有指數基金在背後撐腰的股東行動主義派僅僅口出威脅，公司便有可能減少投資。刪減法令遵循預算會提高行賄、大規模侵權、詐欺及觸犯反托拉斯法的風險。指數基金的經理人有能力提高或減少外部性（如氣候變遷）和尋租行為（如政治貪腐）的發生率與嚴重性。少數未經選舉產生的代理人大多數時候是黑箱作業，對數百萬人的生活產生越來越重要的影響，但人們卻鮮少知曉他們的存在，更遑論他們的身分或意向了。

第三章

私募股權的崛起

比起指數基金，阿波羅（Apollo）、黑石（Blackstone）、凱雷（Carlyle）和KKR集團等私募股權基金[1]腐蝕美國資本主義正當性和當責性的程度不遑多讓，它們靠的不是控制上市公司，而是全面接管，並使其免受證交會揭露制度的約束。私募股權基金正在製造自己的寡頭難題。

私募股權基金已經超越一九七〇和一九八〇年代的買入—拆分—售出模式，而自成一個恆常存在的資本平行宇宙。它們現在會彼此買賣企業，而且累積資本的速度已經比上市公司和經濟體的成長還快。儘管指數基金正在主導伯利—米恩斯式的公司，但私募股權基金正在把越來越多的財富一舉從這些公司移走，轉入一個自成一格的所有權和控制體系中。根據私募股權商業團體所提出的報告，二〇二〇年美國私募股權業的聘僱人數是一千一百七十萬人，占私部門勞工的九分之一。[2]

私募股權某種程度上是一種規避監管的長期策略。私募股權基金的架構是經過刻意設計的，以免觸發反托拉斯法。而私募股權業也利用遊說及政治影響力，來協助形塑這些法律。一旦私募股權基金掌控了一家企業，該企業便會「黑箱」作業，結果使得研究人員和私募股權專家對其所知不多，更別提社會大眾了。對私募股權必然只能做出暫時性的整體評估，不過，以我們對私募股權的了解，已經足以看出來另一個寡頭難題正在成形。

私募股權的一大使倆就是讓「私募股權」這個誤導性用詞廣為流傳，其中，「私有」這個字眼意味著「公共」的反義詞，擁有者只有一個或一小群人，例如創業家自己。此一標籤意圖讓私募股權披上一層私有財產的正當性外衣，而上市公司一旦分散所有權，便不具這樣的正當性了。

然而，私募股權募資的對象並非一個人或一小群人，它們也很少和創辦人合作。反之，它就跟上市公司一樣，從數千、甚至數百萬個人那裡籌集資金，其中的訣竅在於它們是透過其他金融機構，譬如退休基金來做到這件事。這使得它們得以憑著法律擬制（**legal fictions**），以有別於上市公司的方式計算其所有權人的人數。以伯利—米恩斯使用「私有財產」一詞的傳統意義來看，「私募股權」的私有成分其實非常低。

私募股權的基本原理

私募股權基金是由金融顧問公司所成立的。這些公司加上其個別經理人所投入的資金，通常只占私募股權基金總資本的一％。如圖三・一所示，剩下的資本主要來自其他機構，[3]譬如退休基金。私募股權基金就跟指數基金一樣，會將這些資金用於投資營運中的企業。

不過，指數基金一次只買少量股票，但總體而言的成長量是非常驚人的。私募股權基金則通常會買下一家公司的所有股票，整個接管公司。在七〇和八〇年代，這種獲取公司的方式叫做收購（buyouts）。基金透過借款來操作金融槓桿，讓自己擁有更大的購買力，所以這些交易被稱為「融資收購」（leveraged buyouts），[4]而這一行也就被稱為融資收購業（LBO industry）。這種做法至今仍然存在，大多數的私募股權交易都是靠著舉債來推動整間公司的收購。私募股權資產大部分仍留在收購基金中。

圖三・一

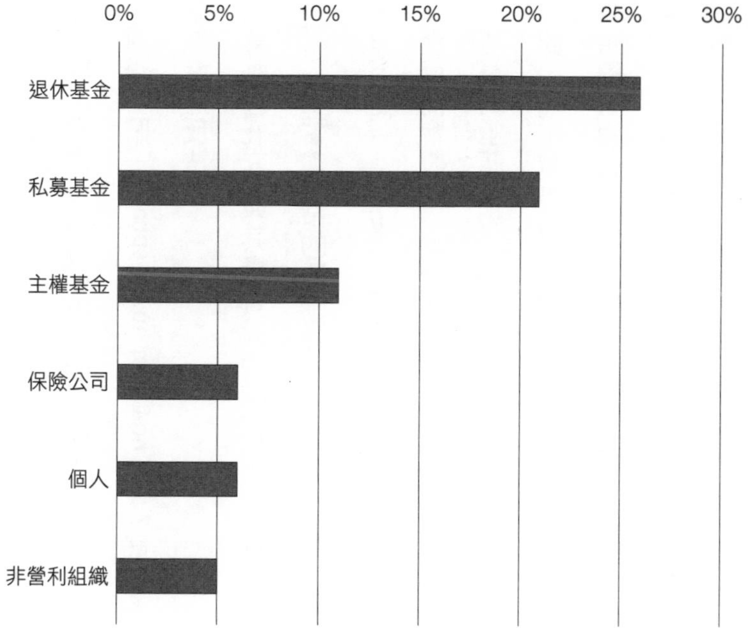

私募股權基金和指數基金的另外一個區別是後者受到嚴密的監管，[5]相較之下，私募股權顧問公司則可豁免於此，僅受到《投資顧問法》（Investment Advisers Act）的寬鬆管制。跟指數基金不一樣，像創投公司及避險基金等私募股權業者是可以收取獲利可能非常豐厚的激勵費用（incentive fee）。一

般來說，私募股權公司會收取百分之二的管理費加上百分之二十的利潤分成。績效表現好的話，它們可以得到很大的好處，就算表現不好，也能分得一些甜頭。這是一種「穩賺不賠」（**heads I win, tails you lose**）的不對稱收費結構，若是指數基金來做的話就會違反法律。[6]

私募股權基金與其投資人的關係也不同於指數基金。指數基金透過贖回和售出股份來維繫日常的流動性，私募股權基金募集的則是承諾投資額（**capital commitments**），一旦投資某家企業，其投資人就有多年的時間是不允許退場的。各個基金反而會設定一個終止日期，實際上就是一個預先約定好成立七到十二年後便進行清算的承諾。

因此，為了幫投資人變現，私募股權基金本就打算退出它們收購的企業。它們很少短線買賣公司，所以不是真的在「炒作」。不過，它們也不算長期投資人，對一家公司的持有期間中位數是六年。[7]最初，私募股權的退出時機是首次公開發行。漸漸地，其他退出方式變得更普遍常見：出售給上市公司；出售給其他私募股權基金（二次收購）；而最近，則是出售給同一家私募股權業者管理的新基金（延續收購）。

私募股權公司提供營運面和策略面的建議給它們收購的公司，重塑其營運，甚至策略。因為它們是舉債來投資，所以會與銀行、保險公司、避險基金及其他放款人（包括其他私募股權基金）維繫關係。由於背負著債務，加上本來就計畫退場，使得私募股權公司會試圖迅速提高一家公司的現金流。它們往往透過裁員來削減成本，也會減少資本投資，並藉由改進產品組合及行銷策略來擴大利潤率和銷售額。

一般來說，私募股權公司就像輪子的軸心那樣，連接著輪輻另一端的私募股權基金而運作，不同的基金處於不同的階段：有些正在籌備，有些正在尋找交易，有些正在退出先前的收購，而有些正在清算。一個私募股權綜合集團，顧名思義，確實是很錯綜複雜的。總而言之，熊彼得（Joseph Schumpeter）以「創造性破壞的風暴」[8]來描述資本主義的「基本事實」，私募基金就是此一概念的象徵形象，其主要特徵是以募資、交易和變革管理為其業務核心，不斷地攪動一池春水。

私募股權基金暴風成長

如今，美國有超過三分之一的企業股權屬於非上市公司股份，其中私募股權基金擁有的企業成長速度最快。美國的私募股權公司已經往全球多角化經營，並涉足其他金融業務。他們現在會資助或加入避險基金、經紀商和創投基金的行列。私募股權公司現在資助的不是做傳統收購的基金，而是將焦點放在房地產和信貸領域。

私募股權占經濟的比重持續成長。私募股權基金預計在二〇二二年籌集超過一兆美元的新資本。由私募股權基金管理的總資產超過十二兆美元，創下空前的紀錄。依據聯準會的計算，二〇二〇年私募股權管理的資產占企業股權總額的一八%，[9]而二〇〇〇年的時候是四%。從二〇〇〇年到二〇二〇年，私募股權掌控的資產年複合成長率是高得驚人的一五%，大幅地超越整體經濟三・六%的複合成長率。

現代私募股權基金的先驅們和創投公司不一樣，它們不會投資新創企業，而是尋找成熟產業中的既有企業，然後整個收購下來。初出茅廬的私募股權產業開始以債務作為它的一個重要戰略，往往把目標放在從創辦人交棒給第二代的家族企業。[10]一九七六年，三位前貝爾斯登公司（Bear Stearns）的銀行家成立了科爾博格・克拉維斯・羅伯茨（Kohlberg Kravis Roberts，下稱KKR）。

KKR和其他基金的野心越來越大，開始瞄準已經存在的上市公司，其中有許多是在一九七〇年代挑戰重重的經濟環境中表現不佳的企業，這些交易把它們從上市公司變成私人企業，意味著在法律上，它們屬於單一個正式的所有權人（收購基金），而且股票再也不會在證券交易所買賣。收購後的公司也不再需要遵循證交會的揭露規定。許多人認為，這種收購削弱了社會大眾理解和信任資本主義的能力，從結果和動機來看都是有害的。

私募股權基金私有化的爭議

私有化會引發財務面的問題。為什麼集中化的基金願意為一家公司付出比分散且多樣化的投資人更多的資金？私有化還會涉及利益衝突。收購基金往往會要求上市公司的現任管理階層也投入資金參與收購，讓這些經理人同時身兼買賣雙方。只要交易價格壓低，經理人（和基金）就能多賺一些。然而，管理階層身為受託人，本應保護股東，要求一個更高的交易價格才對。

從更根本的層次來看，何以管理階層應該從公司被收購後的改善中獲利，而收購前的股東卻享受不到？很多人相信，若不是經理人故意在收購前表現不佳，把價格壓低，不然就是洩露了內線消息來吸引收購，否則這種收購是沒有道理的。當知名企業被管理階層以空前的低價收購，過不了多久又以高出許多的價格再度上市，這種私有化便會給人一種濫用資訊與身分的感覺。這些陰霾至今仍籠罩於整個產業。

垃圾債券市場起飛

七〇年代末期的一些法律改革對管理階層收購（management buyouts）實施更嚴格的審查標準。[11]儘管如此，私有化的腳步仍然持續，帶動了一九八〇年代的一股收購潮。事實上，在一九八〇年代，融資收購使用的槓桿，已經從企業融資的邊陲地帶往中心移動。[12]那個時代最著名的金融家麥克．米爾肯（Michael Milken），據說還是個年輕交易員的時候，凌晨四點半從紐澤西郊區通勤抵達華爾街，在路上會戴著一頂礦工頭燈，[13]閱讀上市公司的年報。他開始相信，有一類證券的價格尤其被低估了：垃圾債券。

垃圾債券是風險高到無法評定投資等級的債務證券。那些安全性較高的債券比股票更容易預測，所以比較受風險趨避型、行事小心謹慎，或者有流動性需求的投資人青睞。從歷史上來看，垃圾債券的發行者都是那些「墮落天使」，也就是已經出事了，導致債務有違約風險的公司。米爾肯斷定它們身上已經背負過多的污名，所以將之納入多元化的投資組合，會是個成本低廉的選擇。買下這類債券後，即便計入風險調整，也能得到高於市場行情的報酬。

這個故事經過夠多的推銷員轉述，使得垃圾債券市場開始起飛。還有一點也很重要，即便當時風險最高的債券也能產生可以抵稅的利息支出。由於企業稅率很高，這事實上是拿納稅人的錢來補貼這項投資商品，從而促成了融資收購的興起。

融資收購的規模飆升，進入其收購範圍的公司規模和知名度也越來越高。到一九八九年，一些世界上最大的公司都成為收購的對象。

收購案和收購基金的數量及資產俱有成長。貝恩資本（Bain Capital）創立於一九八四年，黑石是一九八五年，凱雷則是一九八七年成立的。曾幾何時，金融業一個微不足道的領域，演變成一門獨特且獲利豐厚的行業。亨利．克拉維斯（Henry Kravis）*成為家喻戶曉的人物（至少對那些關心華爾街的家庭來說）。ＨＢＯ還拍了一部相關的電影《登龍遊術》（*Barbarians at the Gate*）。

收購和一九八〇年代的另外兩個特徵緊密交織在一起：敵意接管和內線交易。

在全球化和一九七〇年代充滿挑戰的經濟環境刺激下，收購基金既與一九八〇年代的企業掠奪者們（corporate raiders）展開競爭，也因其而發揮新的作用。像德州石油大亨皮肯斯（T. Boone Pickens）這類行事豪壯的強人，便曾指責整個石油和天然氣產業的經理人是無能的懶惰鬼，並威脅發起敵意接管併購，以此強行得到對方以溢價回購自己的股份（greenmail）。這些收購者會對目標公司進行大幅重組，強迫其分割（divestitures）、縮編或清算。裁員和關廠席捲美國：一九八一到一九八三年間，有五分之一的藍領工人失去了工作。勞倫斯．桑默斯（Lawrence Summers）和安德烈．史列佛（Andrei Shleifer）等知名經濟學家分析一九八〇年代的收購接管案，認為這是對勞工和社區的一種「信任背叛」（breach of trust）。[14]

＊編按：KKR共同創始人。

德克索銀行非法交易，罰款六．五億美元

收購潮風起雲湧之際，像哈佛商學院的麥可．簡森（Michael Jensen）這類擁護者便曾預測上市公司將成為下一個渡渡鳥，[15]很快就會滅絕。結果不然，融資收購衝過頭了，而且醜聞纏身。一九八六年，德克索投資銀行（Drexel Burnham）創下五．四五五億美元的收益高峰，是華爾街公司有史以來最高的金額。[16]同一年，一名德克索的銀行家丹尼斯．列文（Dennis Levine）也承認犯下四項重罪，證交會啟動調查，[17]最終以內線交易、操縱和詐欺起訴德克索銀行。

米爾肯可能祕密進行非法交易的事情曝光後，德克索銀行認罪，並且接受六．五億美元的罰款，[18]當時這是證券法有史以來祭出的最高罰款。垃圾債券市場關閉。[19]接下來的這一年，垃圾債券違約率翻倍，德克索銀行破產，梅西百貨（Macy's）和環球航空（Trans World Airlines）也相繼倒閉。數百家銀行和儲蓄貸款協會（S&L）紛紛關門大吉，米爾肯入獄，經濟陷入衰退。

有些人懷疑收購是否還能重起爐灶。儘管確實有新的基金成立（一九九〇年的阿波羅和一九九二年的德州太平洋集團〔Texas Pacific Group，下稱TPG〕），但已有多年不曾出現受人矚目的收購事件。沒有什麼人能料到收購公司會展開持續四分之一世紀之久的大幅擴張，更少人猜到這個大擴張時代的關鍵就落在政治上。

法律對私募基金的清算限制和「私募股權」的重生

儘管一九八〇年代的收購案規模龐大，但是這個行業仍然是金融業裡的一個小分支，和銀行及保險公司比起來，專注於收購的公司規模是很小的。KKR在一九八九年有六十名員工，[20]而當時花旗銀行（Citibank）的員工有五萬人，美林證券（Merrill Lynch）是四萬四千人。今天，KKR擁有數千名員工和數百名專業人士。[21]是什麼原因造就了這個產業自一九九〇年代中期以來的重生和轉型？

不管任何答案，都不脫政治、公關、遊說和管制鬆綁。私募股權基金在整個發展歷程中，向來受惠於美國創投協會（National Venture Capital Association，NVCA）的遊說工作，這是一個由數家主要創投公司在一九七三年成立的協會。創投和私募股權業者把遊說目標包裝成法規鬆綁，其努力已贏得大部分民眾的尊重。它們推動的許多政策變革，都帶有尋租及保護利益團體的典型特徵，很少是純粹實現法規鬆綁的宗旨。許多由納稅人補貼的創業投資，產生的利潤都流向了大型金融機構和上市公司，然而，將創投和私募股權連結到小企業所形成的公關效應，[22]仍持續被當成一種遊說手法。

遊說工作在整個卡特／雷根政府鬆綁法規的年代有所斬獲。一九七八年，證交會批准一項真正的小型企業改革，將企業家免受監管的募資上限提高到五十萬美元。然而，在遊說團體的壓力下，國會於一九八〇年擴大豁免範圍，[23]而證交會對此的回應則是在一九八二年於證券法中製造出大量的新漏洞，亦即眾所週知的規則D（Reg D），協助營造出孕育大型現代私募股權公司的環境。

規則D允許任何企業向不限數量、財力頗豐的合格投資人募集不限金額的資金。[24]真正的小企業能用得上規則D。可是隨著時間過去，很多絕對不算是小企業的公司也能利用此一規定來籌資，[25]其中包括二〇一〇年代的一批科技「獨角獸」（未在證交會註冊、市值達十億美元以上的公司），譬如Bolt、Reddit和Grammarly，各自就聘用了超過五百名員工。

創投和私募股權產業的其他遊說工作也取得進展。

- 一九七八年，勞工部放鬆其「審慎人」（prudent man）規則，[26]允許退休基金從事風險較高的投資，包括投資創投基金和收購基金。
- 一九八一年，國會增列了一個至今仍沿用的研發稅額扣抵項目。[27]該項目被拿來補貼餐廳新菜單和評估社群媒體關注度的手機應用程式這類本應屬於尖端研究的東西。
- 一九八二年，國會命令聯邦機構必須撥出資金用來扶植員工數少於五百人的企業。[28]到一九九七年，這筆資金每年已經增加到十一億美元，名義上是任何小企業都適用，但有超過四成的補助流向創投業興盛的州（加州和麻州），而且個別公司常常能得到多次補助。

一九九六年，創投和私募股權遊說團體（避險基金後來也加入）在政治上聯手[29]促成一項至今仍被美國資本市場許多觀察家低估的改變，[30]藉此獲得了巨大的回報。它們的遊說工作把目標鎖定私募股權基金身上最大的法律約束之一，也就是《一九四〇年投資公司法》（Investment Company Act of 1940）。該項法律禁止槓桿的使用，限制激勵薪酬，並要求受管制基金更加透明化。所有這些管制目標都與私募股權公司的商業模式產生扞格。

一九九六年通過的《全國證券市場改進法》（National Securities Markets Improvement Act，NSMIA）是柯林頓（Bill Clinton）總統犧牲大眾來嘉惠金融機構[31]的典型措施。該法案允許基金向不限數量的機構[32]或個人募集五百萬美元的投資，總募集資本無上限。在此之前，私募基金的投資人被限制在一百人以內。[33]

從一九九六年開始，私募股權基金（和創投基金及避險基金）便可以向數百家、甚至數千家機構募資。由於私募股權基金的資金現在大多來自機構，所以在沒有任何管制措施限制其規模之下，還能保持黑箱運作。[34]

結果，私募股權基金的規模因此急遽擴張。無獨有偶的是，一九九六年法案通過後，美國公司的首次公開發行活動也出現長期跌勢。自一九九六年起，公司越來越會選擇拖延，或完全不肯公開發行，[35]以規避公開揭露規則和證交會監管下所要求的透明度。直到二〇二一年，在不尋常、但也只是短暫的有利市場條件下，首次公開發行才再次顯著增加。

巧妙而欺瞞世人的品牌再造：從收購基金到私募股權基金

品牌再造活動是收購基金再次興起的一個比較無形但也同樣重要的因素。收購公司深知，大型融資收購案的「舉債—收購—裁員或破產」模式，打從一開始便具有政治爭議性，一九八九年也曾慘跌一跤，因此，它們尋找新的標籤，最後選定私募股權。

長久以來，私募股權一詞主要用來指涉任何未向證交會註冊的公司所有權人，包括由創投支持的公司、創辦人的公司或家族企業。在一九八〇年代的收購公司齊心協力下，終於成功的說服世人彷彿融資收購產業再也不存在了。即便是產業評論員現在談論到它，也會使用比較不會牽動政治敏感神經的字眼：私募股權。

從一九八〇年至二〇〇〇年商業新聞對公司的報導中，便清楚可見品牌再造的痕跡。在一九八〇年代中期，KKR自豪地標榜自己是「收購專家」。[36]經過一九八九年的失敗之後，它轉而從事不良資產投資（distressed investing），但仍繼續被看成是一家收購公司。[37]可是後來，它逐漸開始從事它所號稱的「槓桿式擴張」（leveraged buildups），利用投資組合公司及債務來資助同一產業裡的許多小型收購案。例如，截至一九九四年為止，KKR的K-III基金便已經花了四．六一億美元收購兩百種不同的出版物。[38]一九九五年，一位分析師指出，觀察家們認為這類擴張作為顯示「收購業已經演變成一種私募股權融資業」。[39]到一九九六年，當KKR發起史上規模第二大的基金時，《金融時報》（*Financial Times*）形容它是績效表現「堪可媲美……其他私募股權基金」的投資公司。儘管人們對KKR雷諾煙草（R. J. Reynolds）融資收購案的記憶可能永遠不會完全消失，但現在KKR最常被簡單地歸類為私募股權公司。[40]該公司在二〇二一年的三百九十頁年報中，只有在提及管理階層收購時使用過一次「收購」（buyout），[41]而「私募股權」一詞則出現了一百九十三次。

不需要相信大眾全然忘記收購案正在發生，才能讚嘆此次精采絕倫的品牌再造。哈佛的教授們也幫了一把，在一九九三到一九九四學年開設一門名為「創業投資與私募股權」的課程。而聯邦準備理事會恐怕也在無意間，[42]於一九九六年根據產業訪談所做的一份調查中，發揮推波助瀾的作用。該調查將創業投資和收購基金混為一談，稱呼後者為「非創投私募股權」（Non-Venture Private Equity）。

私募股權公司運用新的術語，擺脫融資收購的負面意涵：過度負債、裁員和破產。不過，品牌再造也實現了一個更微妙，而且更重要（更具欺騙性）的目標：隱藏它們對受控制公司的經濟所有權的本質。「私有」是「公開」的反義詞，這意味著被私募股權基金收購的公司，其股權只會由少數投資人所擁有——否則的話，它們便須向證交會註冊。事實上，從法律和形式上來看，私募股權基金的投資組合公司只有一個股東，[43]那就是基金本身。私募股權品牌隱含著只有單一所有者的企業具備私密、私有財產和私人行動等屬性——這些都是伯利和米恩斯在二十世紀初認為，當大型上市公司的所有權分屬成千上萬個投資人時，便已經失去的特徵。

私募股權品牌之所以能瞞天過海，關鍵在於私募股權基金自己的投資人的性質。私募股權基金並非如過去那般，向少數富人募集大部分資金。它們的錢大多來自機構，而這些機構本身又是各自向數百人或數千人籌資（或代表他們持有資本）。因此，受惠於一檔私募股權基金經濟利益的人數可高達數千。[44]所以，私募股權基金和業者絕無可能解決伯利和米恩斯在一九三二年指出的問題。被私募股權公司老板們拿去做風險投資的資本，就跟拿去投資上市公司一樣，都是「別人的錢」。由私募股權產業所擁有的企業，並不比通用汽車（General Motors）或埃克森美孚更具備「私有」的意涵。事實上，私募股權公司的成長速度一直超過上市公司，集中化的程度也是上市公司從來不曾有過的。

私募股權基金大舉擴張，累積十二・一兆美元的全球資產

隨著法律鬆綁，一九九〇到一九九一年經濟衰退的記憶淡去，加上塑造出一個更好的品牌，私募股權基金從一九九〇年代初期的低點開始穩定成長。到二〇〇〇年，私募股權基金管理的全球資產已達七千七百億美元，[45]這是可取得一致性數據（儘管不完整且未經驗證）的最早年份。到二〇二一年，收購基金已累積十二・一兆美元的全球資產（圖三・二）。[46]

私募股權的成長速度是美國整體經濟的四到五倍。

二〇〇〇年代中期的大型收購潮最是令人矚目。二〇〇六年到二〇一〇年間，

圖三・二：Preqin公司的圖表呈現二〇〇〇年至二〇二一年資產管理規模的增幅

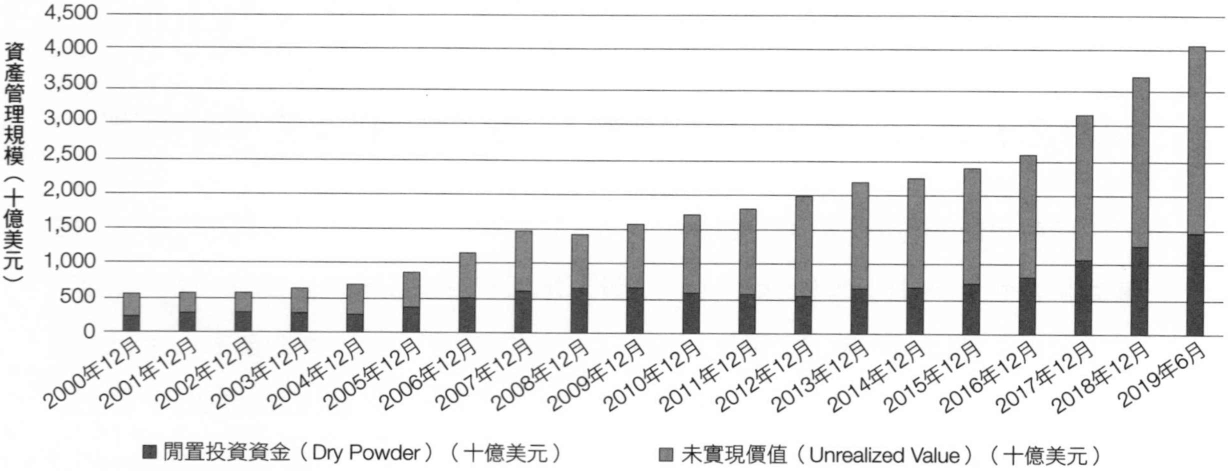

資料來源：Preqin Pro資料庫

私募股權交易占所有全現金併購交易的四分之一以上。相較之下，這個比例在一九八〇年代還不到十分之一。隨著美國經濟即將步入二〇〇七到二〇〇八年金融危機的前夕，私募股權公司開出越來越大張支票，收購越來越大型的公司。光是二〇〇七年發生的大型收購案便有TXU能源公司（KKR，三百二十億美元）、第一資訊（First Data）（KKR，兩百六十億美元）、全能通訊（Alltel）（亞特蘭提斯，兩百五十億美元）以及希爾頓全球酒店集團（Hilton Worldwide）（黑石，兩百億美元）。TXU能源仍是有史以來規模最大的收購案，甚至超越一九八九年KKR名氣更響亮的雷諾煙草收購案。

私募股權幫華爾街賺到的利潤勝過任何其他產業。在二〇〇〇年代中期，私募股權付出的銀行費用超過傳統企業客戶付出的費用。[47]規模如此龐大的現金流，有部分源自收購的基本商業模式：買進賣出。私募股權基金每五到十年便會收購並售出企業。它們進行交易的次數與頻率都高於上市公司，甚至高於積極從事併購的公司。私募股權公司也因為經常大量運用新的銀行團聯貸而付出手續費給銀行。

二〇〇七到二〇〇八年發生金融危機，加上引人側目的私募股權交易失敗及破產事件，[48]可能會如人們預期的抑制這些趨勢。事實不然。隨著華爾街從危機中逐漸復甦，私募股權公司仍然在持續進行的交易活動中扮演核心角色。從二〇〇五至二〇一〇年，投資銀行費用的前十大客戶裡，只有奇異公司（General Electric）和通用汽車是上市公司。二〇一〇年，私募股權付出一百億美元的費用，[49]占投資銀行總收入六百九十億美元的一四％。私募股權是華爾街的核心。

私募股權不僅成長了，而且成長速度超過上市公司或整體經濟。哈佛商學院研究人員喬許・勒納（Josh Lerner）和保羅・岡伯斯（Paul Gompers）在一九九七年的報告提到，投資於上市公司的資本額是私募股權的四十倍。[50]今天，這個比例是十二倍——私募股權的占比提高了三〇〇％。私募股權公司控制的資產大部分仍屬於收購基金。

私募股權公司還會善用自己的角色來增加它們在其他類型金融資產的占比。除了股權——公司的所有權——之外，它們也擁有超過三兆美元的債務、房地產及基礎設施。上市公司仍然是美國經濟組織的主要形式，不過私募股權業者所擁有的公司正在穩定擴大其相對重要性。在合併活動熱絡的時期以及部分產業中，它們的成長力道尤其強勁。

二〇二一年，私募股權業者公布的交易額是創紀錄的一．二兆美元。[51]二〇二二年，私募股權交易占所有併購案的二五%，[52]更是達到歷史新高。和上市公司之間的交易相比，私募股權公司的交易對總體經濟波動和金融波動的敏感性遠低許多。[53]私募股權基金在它們協助整合的產業中有著無比的重要性。在一場「整合式併購」（**roll-ups**）裡，某個單一買家會鎖定一個通常是以中小型企業為主的產業。該買家進行多次收購，將它們整併成一家更大的公司。假以時日，買家便能在降低成本和以規模優勢善加利用控制及資訊系統方面，累積經驗。上市公司長期以來一直在運用這樣的策略。

私募股權公司越來越常使用這種它們有時候稱之為「槓桿式擴張」的策略。如此這般逐步建立起一家公司後，它們就會一如往常地退場（也就是說，把公司賣掉）。憑藉著在信用市場上的強大關係，私募股權公司可以募集到比其他買家更便宜的資本來執行整合式併購。

被私募股權整併過的產業，會比整體經濟更受到私募股權的宰制。私募股權公司專注於成熟穩定但地理位置分散的業務，譬如療養院、住宅、餐飲和個人服務業。小公司的整合併購由於未達反托拉斯法的規模門檻，所以往往能避開反壟斷審查。發起整合併購的買家能取得當地市場的支配力，又不會太快，或說不定根本不會被司法部或聯邦貿易委員會（Federal Trade Commission）盯上。

私募股權公司的集中度：第二個寡頭難題

整合式併購只是私募股權提高經濟力量集中度的一種手段。乍看之下，這項觀察可能會令人感到大惑不解，因為如今私募股權集團的數量比以往更多。當證交會在二〇一三年開始收集關於私募股權公司的數據時，有八百一十五家業者在營運。

今天，這個數字已經超過兩倍。不過，儘管私募股權基金變得較多，但大多數的規模（相對）很小。這個產業的大部分資產都集中在最大的私募股權基金集團手上，[54]尤其是最頂尖的那幾家。四家最大的私募股權集團——黑石、KKR、凱雷和阿波羅——公布的資產合計達二．七兆美元，相較之下，中型私募股權基金的規模只有一億美元。

因此，隨著時間過去，企業的控制權越來越集中在少數私募股權公司手上。由於私募股權業者對整體經濟、尤其是對某些產業的重要性與日俱增，又因為其資產正在往大型公司流動，所以它們就跟指數基金集團一樣，象徵著財富與相應權力的一種新的集中現象。總而言之，私募股權公司正在引發另一個寡頭難題。

私募股權的集中化現象不如指數基金那麼劇烈和明顯，但它在某些方面更具威脅性，這是因為黑箱是私募股權的一個核心特徵，加上私募股權和華爾街之間的關係密切，而且私募股權會運用高強度的誘因制度來激勵專業從業人員和改造企業。指數基金至少會向證交會及社會大眾報告其持股情況；而私募股權基金則是有意設計成不透明化的。即便這個行業一再努力地改善它在公眾和民選官員心目中的名聲，但它仍然抗拒接受要求透明化的法律。

迄今為止，指數基金發起人著眼於降低成本之故，對公司治理採取輕度介入的手法。相較之下，私募股權公司則會力求提高被收購企業的現金流量，而且速度要快，以便它們在收購幾年後便能獲利退場。私募股權公司的文化各有不同，但整體而言，這個行業的要求很高，自豪於能以雷厲風行之姿迅速而強力地改變被收購企業。和個體企業、家族企業或二十世紀中期的上市公司比起來，私募股權公司更有可能改變旗下企業對顧客、員工、社區或環境的影響。

「俱樂部交易」以合作取代競爭

除了變得更加集中之外，私募股權基金之間也越來越以合作取代競爭。由單一家私募股權公司所掌控的多個基金，當然會將彼此視為盟友而非競爭對手。二〇二一年KKR集團便有十九檔私募股權基金在運作中。更重要的是，由不同顧問業者控制的私募股權基金通常也會在所謂的「俱樂部交易」（club deals）中聯手收購單一標的企業，而且它們也越來越會把自己的投資組合公司賣給同行，而非出售給上市公司或分散的投資人，這就是所謂的二次收購。最後一點，在一些由多檔私募股權基金持有企業的產業裡，已經開始出現舊式的寡頭聯合壟斷現象。

在俱樂部交易裡，會有兩家或更多私募股權公司組隊競標單一標的企業。而三家以上私募股權公司聯手進行更廣泛的合作，也變得司空見慣。在一九九〇年，有百分之七的私募股權收購案牽涉到三家或以上的私募股權公司。到二〇〇〇年，牽涉三檔基金的俱樂部交易占比已經提高到百分之十七，而到二〇一〇年，它們占所有私募股權收購案的百分之二十二以上。若只看有兩家或以上私募股權公司競標的案子，這個趨勢更加明顯：早至二〇〇四年，美國收購案就有超過百分之四十屬於俱樂部交易。[55]

俱樂部交易可以透過某種形式的俱樂部規矩來相互勾結，壓低價格，尤其是上市公司私有化的案子。若要進行俱樂部交易，便需要私募股權專業人士就特定收購案進行緊密的溝通，假以時日，這種溝通就成了討論私募股權公司之間如何瓜分交易（一種反托拉斯法的禁止行為）的完美掩護，同時又能營造競爭的假象。

私募股權公司可能會同意在某項交易中出價很低，讓另一家公司得以用低於正常競爭下的價格勝出。在上市公司私有化的交易中，買家和目標公司必須宣布交易並尋求股東的批准，其他競標者就可以在這個時候橫空出價，使得已簽署的交易破局。因此，經常聯手出擊的私募股權公司就可以串通好，只在交易宣布之前出價競標。然後，等下一次機會來臨時，他們就會角色互換。這麼做可以系統性地壓低私募股權公司的收購價，減少目標公司的股東報酬。

二〇〇七年，一樁集體訴訟案指控七家著名的私募股權公司——KKR、黑石、TPG、貝恩、高盛（Goldman Sachs）、[56]銀湖（Silver Lake）及凱雷——在二〇〇〇年代私募股權交易潮期間發生的八起歷史性大型交易案中，密謀操縱價格。持有目標公司股份的退休基金及個人認為，這些私募股權公司已經發展出一套非正式的對價交換機制，令他們對特定交易不做激烈的競標，尤其是在私有化交易一經公布之後。

例如在二〇〇六年九月，以黑石為首的私募股權俱樂部，同意以一百七十六億美元收購一家名為飛思卡爾（Freescale）的半導體公司。亨利・克拉維斯非但沒有加入競標，還告訴黑石說ＫＫＲ會「按兵不動」。黑石的總裁致函給ＫＫＲ：「我們聯手出擊便無人能擋，如果對抗，兩邊都會損失慘痛。我希望能在下週或十天內打電話給您，與你〔組成俱樂部〕進行一項大型的獨家〔私有化交易〕。」

ＫＫＲ的喬治・羅伯茨（George Roberts）回信說：「同意。」

黑石不久便邀請ＫＫＲ加入一個新的俱樂部，收購全國最大的廣播公司清晰頻道（Clear Channel）。類似的案例在兩百二十一頁的起訴狀裡比比皆是。

儘管這七家公司聲稱該官司沒有法律依據，但隨著審判日期逼近，卻全都達成和解。這些公司的財力雄厚，擁有世界上最好的律師，卻解釋說它們只是為了終結訴訟帶來的干擾，所以面對一個虛假的案件，才會選擇和解。而為了免除困擾，它們願意付出多少代價呢？原告們總共獲得五．九億美元的賠償金。[57]

勾結的行為是否繼續存在，或是否比二〇〇七年的八起交易更普遍可見，仍然眾說紛紜。某項學術研究發現，股東在俱樂部交易中獲得的溢價比獨家出資的收購案低百分之四十。[58]當然，俱樂部競標可能是出於整體上的合理經濟考量，不過它也成為合謀操縱價格的一種管道。俱樂部交易一度變得較少見；二〇一八年，有兩家或以上私募股權公司參與交易的比例[59]是百分之二十，遠低於二〇〇〇年代中期的高峰。不過，俱樂部交易減少的現象，對用來合理化此種交易的論點而言是一記重擊。如果它們確實是私募股權公司增加價值的做法，那麼它們理應繼續存在，只是會更留心避免暗指互惠圖利和操縱價格的該死的電子郵件。

二次收購加劇集中化現象

私募股權公司另外一種經常（而且越來越常）溝通往來的方式，是透過所謂的二次收購。「二次」簡單來說就是一家私募股權基金把公司賣給另一家私募股權基金。公司還是留在私募股權業的手上，只是所有權人改變了。二次收購出現於一九九〇年代，到了二〇〇〇至二〇〇四年，它們占整個行業交易總額的二〇%以上。從二〇一八年開始，它們已占所有私募股權退場交易的一半。[60]

二次收購引發一個費解之謎。長期以來，私募股權的提倡者以舉債、親力親為的公司治理和高強度的激勵措施等等帶給公司的震撼療法，來說明收購如何為公司增加價值。可是現任的所有者已經對公司施以私募股權的震撼療法了。除非第一家私募股權公司沒能使用私募股權的策略劇本，否則第二家私募股權東家如何幫公司增加價值？又如果第一家私募股權公司確實未能使用這些手段，那第二家又為什麼會願意付出比第一家更高的收購價？

一個可能的答案是私募股權基金的數量增加，導致它們走向專業分工。有些私募股權公司專注在處於生命週期早期階段的企業，有些則著墨於後期階段的公司。二次收購意味著從一個專家交棒給另一個專家。要不然就是某些私募股權公司可能專精於營運，其他則可能更聚焦於純粹的融資。一家經營狀況特別差的企業也許會被某個專注於營運面的私募股權公司所收購、所改進，但後者卻無法藉由掌控所有權來擠壓出全部的財務綜效，所以把公司賣給一家可以取得便宜資金的大型私募股權公司。

不過，二次收購的出現也可能基於不怎麼光彩的理由。私募股權買家也許是一檔壽命即將走到終點的基金，而二次收購可能是擴充其投資紀錄的捷徑，藉此創造出額外的管理費收入。這種動機可能會導致二次收購的私募股權買家出價過高。同時間，私募股權賣家或許能為快要壽終正寢的基金提供一種清算前快速退出，或新一輪募資前實現利潤的做法。若是這類賣家，便可能願意低估出售企業的價值。就跟俱樂部交易一樣，私募股權公司之間恐存在非正式的對價交換機制，有時候擔任買家，有時候扮演賣家，互相幫忙處理基金的清算和募資。

二次收購還有一些引人憂慮的廣泛意涵。二次收購正在幫助私募股權永久地把持所有權。私募股權的所有權不再只是一種過渡現象，暫時讓一家公司免受資訊揭露法的約束和公眾的監督，最終還是會讓它重新公開上市。反之，整個產業有很大一部分正永遠地陷入私募股權的黑影中。而集中化現象在私募股權業的二次收購市場上特別嚴重。麥肯錫公司（McKinsey & Co.）在二〇二二年私募股權年度報告中指出，過去五年，這類交易所募集的資本有百分之四十流向僅僅五家公司。隨著私募股權基金之間的收購交易越來越多，參與其中的都是最大型的業者。在這類交易中，它們對企業所有權的占比高得不成比例。二次收購是造成私募股權業寡頭難題日漸嚴重的一種管道。

不出所料，隨著私募股權公司在經濟裡的分量增加，它們也涉入操縱價格聯合行為及其他不法活動。二〇一四年四月，歐盟委員會（European Commission）發現生產地下和海底高壓電纜的公司一直在運作一個同業壟斷聯盟，其中有一家是高盛集團私募股權部門投資的企業。高盛因此被裁罰三千七百萬歐元。二〇一四年十一月，荷蘭對麵粉業的一起聯合行為祭出罰款，其中包括三家私募股權公司。二〇二二年，私募股權業者獅子資本（Lion Capital）捲入一場官司中，這家擁有鮪魚食品商Bumble Bee的公司遭到指控有聯合壟斷的行為（cartel conduct）。[61]儘管尚無嚴謹的分析顯示私募股權業主有比其他業主更糟糕的聯合行為，但隨著私募股權的壯大，它所投資的公司造成的反壟斷損害可能會加劇。

從震撼療法到長期持有

私募股權業過去二十年的最後一連串發展，展現其在追求利潤，也在擴大規模和範疇上的重要性、持久性和適應性。

私募股權的精髓在於被其掌握所有權的實體，並非必須在證交會註冊且遵循一般公開揭露要求的上市公司。然而，從二〇〇七年以來，就有九家頂尖的私募股權公司自己變成上市公司。[62]KKR和黑石是始作俑者，[63]繼之有凱雷、阿波羅、橡樹（Oaktree）、阿瑞斯（Ares），加上最近的TPG，各大收購公司全都已經分散其所有權，獲得在證券交易所掛牌上市帶來的流動性，並接受證交會的註冊及揭露規定的約束。另外兩家頂級的私募股權基金發起人高盛和布魯克菲爾德（Brookfield）早就是上市公司，它們發展多元化的業務，而且兩家公司的私募股權部門都專注於房地產和海外資產。在主要私募股權公司當中，只有阿德里安（Ardian）仍維持私有化。

這讓人看糊塗了。私募股權公司如何既能經營私募股權基金，同時又是上市公司？大型私募股權公司的公開上市，是否能解決它們引發的寡頭難題？這兩個問題的簡短答案是：私募股權公司和私募股權基金是不一樣的；而且不能，寡頭難題絲毫不減，完好如初。

公開上市的是私募股權公司，而非私募股權基金或其所持有的投資組合公司。上市的私募股權公司現在會申報顧問業務的運作、收取的管理費用、基金設立和募資的成本，以及贊助和管理私募股權基金的其他業務面向。但它們不會報告投資組合公司的營運和活動，或關於基金本身的詳細資訊。

私募股權公司的透明化對比於私募股權基金的不透明化，其差異就體現在數字上。截至撰寫本文之時，ＫＫＲ的股票市值大約五百七十億美元，以一家上市公司來說，這是很龐大的數字。不過，ＫＫＲ申報其私募股權基金所管理的資產是一千九百五十億美元，遠大於自身的市值。而且，這些資產都是經由槓桿取得的。ＫＫＲ讓自己的基金用借錢的方式收購投資組合公司，可以讓投資的股本增加大約一倍。如此這般靠著別人的錢偷天換日，ＫＫＲ在經濟裡取代公開透明上市公司的規模，比其自身市值所顯示的還要大得多。

想要明白這件事有多麼重要，可以看看黑石集團的例子，它的基金擁有美國校園社區公司（American Campus Communities, Inc.），一家全美最大的學生宿舍開發商／管理公司；ＰＳ商業園區公司（PS Business Parks），一家大型的多租戶商業地產開發商；還有核心信託公司（CoreTrust），一家大型的醫院供應商。然而，投資人在黑石集團對證交會的報告中，找不到這些公司的資訊。關於學生宿舍的租金或空屋率，關於正在開發的商業房地產，或關於經營醫院的供應成本，黑石集團並未揭露任何訊息。原因是這些企業非由黑石集團擁有，而是屬於黑石旗下的基金。

黑石集團為基金提供顧問諮詢，並從中收取費用，但這些基金是屬於私人的。

私募股權業者的上市公司身分，使這些公司得以募集到更多資本來資助更多的私募基金。透過揭露關於頂級投資管理公司的片段資訊，私募股權公司便能提升它們擁有及控制企業的能力，而這些企業幾乎不需要對社會大眾揭露什麼資訊。即便是它們的基金投資人也只能得到有限的資訊。同時，私募股權公司透過它們自己身為上市公司的治理與所有權作為，證明了擁有上市公司身分，對社會並沒有什麼特別不利之處。

上市公司身分和更強大的募資能力，使得私募股權公司得以擴大其地理版圖。在八〇年代，私募股權公司專注於經營美國市場。自此之後，私募股權已走向全球，將私募股權的手法引進歐洲，並且日漸擴展到亞洲、非洲和南美洲。黑石集團在最新的年報中，便標榜自己是「全球領導者」，仰賴在「全球經濟」中的「全球關係」進行「全球性」的投資。於此同時，它卻隻字不提其所投資公司的地理位置分布。

延續基金、利益衝突和資金循環利用

私募股權的另外一個創新是成立「延續基金」（continuation funds），以便私募股權業者可以用來向自己的其他基金收購公司。和二次收購類似，延續收購可以將交易、管理費及控制權都留在同一家私募股權集團手上。

延續基金、利益衝突和資金循環利用的情況越演越烈。在延續基金進行的收購案中，由於買家和賣家都是控制在同一家私募股權業者手上，[64]明顯涉及利益衝突。意識到這一點，私募股權公司會提供第三方估值作為交易的檢查機制，基金投資人也期望如此，以防止買賣雙方的基金權益受損。

證交會在對私募股權活動的調查過程中，發現了其他潛在的利益衝突。例如費用分配、[65]私募股權公司與其基金擁有的投資組合公司之間的交易，[66]以及私募股權公司把觸角伸向其他資產類別。[67]在二〇一五年二月的一場演講中，一位證交會官員提到，證交會關於私募股權的執法幾乎全都牽涉到利益衝突[68]及對基金投資人揭露此類衝突資訊的事項。

即使延續交易得到充分的監管，它們無疑證明了私募股權產業已經成為美國經濟中一個獨立且恆存的治理及資本部門。一旦一家私募股權集團裡的一檔基金收購了某家企業，它就可以被賣給……同一個集團的另一檔基金。許多這類基金專門投資於特定資產，也包括企業在內。它們容許私募股權公司還款給基金投資人的同時，還能讓受其控制的特定公司保持非屬證交會註冊的私有地位。

與延續基金相關的還有一個所謂資金循環再利用的做法。某個私募股權基金可能會將資產出售套現，按照私募股權的傳統做法，這筆錢會分配給基金的投資人。但透過大部分私募股權基金合約所允許的循環利用，該私募股權公司可以把錢留在基金裡，並再投資於另一家企業。同樣的，此舉的整體效果是讓私募股權公司所管理的資本變得更加持久。

成長資本、成長基金和成長型收購

當代私募股權界的第三個特徵是又一個巧妙公關策略的範例。成長資本、成長基金和成長型收購，都是越來越常被用來形容一度稱為收購或私募股權活動的詞彙。從最狹義的角度來看，成長型收購是去買下高成長企業，譬如（最近的）軟體即服務（software-as-a-service）公司。由於這些企業離穩定成熟的狀態還很遠，而且仍在快速地成長，所以在收購後，可預見它們將會需要更多資金來維繫成長。

例如在二〇一四年，清湖資本（Clearlake Capital）以不到一億美元的價格收購一家正在成長的雲端服務公司[69]ConvergeOne。（清湖在二〇二二年買下英國的足球俱樂部切爾西〔Chelsea FC〕而登上新聞頭條）在三年的時間裡，清湖舉債取得七億美元資金來支撐多次收購，以此擴大ConvergeOne的規模。ConvergeOne的現金流提高四〇〇%之後便掛牌上市，而清湖仍保有多數股權。二〇一八年，清湖在一個二次收購交易裡，同意以十八億美元將整間公司賣給另一家私募股權公司

CVC資本（CVC Capital Partners），獲得了十倍的巨額淨報酬率。

這類成長型收購反映出業界終於棄守七〇到八〇年代的收購模式。它們證明私募股權已經完全成為一個獨立的另類資本宇宙。今天，創業投資和成長股合計占私募股權募資的四七%。私募股權公司現在管理著曾經只以伯利—米恩斯式上市公司形式存在的企業，業務範圍五花八門。

私募股權從一開始就苦於聲名不佳，它涉嫌內線交易、管理濫權，以及源自其「買入—拆分—翻轉」（buy-strip-and-flip）商業模式的過度負債和冒險行為。在八〇年代，它令人聯想到虛構人物戈登．蓋柯（Gordon Gekko）的「貪婪是好事」（greed is good）文化，以及真實世界裡的重罪犯如麥克．米爾肯之流。私募股權可說是一九八九到一九九一年經濟衰退的一個主要原因，而儘管它並非導致二〇〇八年金融危機的主因，但私募股權在金融風險方面挑戰尺度的做法，導致數十家企業的滅亡，而私募股權公司卻靠著它們那穩賺不賠的結構來保護自己倖免於難。隨著規模的成長，不當行為也日益嚴重：[70]譬如俱樂部交易裡的勾結串通、二次收購和延續收購裡的利益衝突，以及證交會對費用及詐欺的執法行動。

私募股權利用租稅套利

但收購基金一直以來都在一個更令人費解的迷霧中運作，那就是它們如何賺錢的祕術。一個金融買家如何能為企業增加價值？公司為何不能自行調整它們的財務狀況？因為資訊不揭露，這祕術就更顯神祕了。

經濟學家法蘭科・莫迪里安尼（Franco Modigliani）和莫頓・米勒（Merton Miller）得到諾貝爾獎，有部分原因在於他們證明了資本結構——金融——不應該影響企業的價值，除非存在市場不完全性。[71]什麼樣的市場不完全性可以解釋私募股權的獲利能力？一個傳統答案是稅制。

私募股權利用了任何稅制都避免不了的界線劃分規定，主要操作手法有兩種：其一透過債務，其稅負比持有股權更優惠；其二是透過資本投資，其報酬的稅負也比工資或薪水更優惠。因此，私募股權公司在這兩種定義出來的界線上（債務與股權，投資與就業）進行租稅套利（tax arbitrage），賺到比其他公司更多的利潤。

債務是私募股權基金收購公司的重要手段。在收購完成後，該基金的投資組合公司會負擔比其他公司更高的債務。在某個程度上，債務的稅負比股權更優惠。[72]債務利息可以扣抵所得稅，股本股利則不行。[73]私募股權公司還能以附帶收益（carried interest）的形式獲取部分報酬，這是一種績效費（performance fee），一般訂為利潤的百分之二十。[74]由於這種費用是根據一項資產（一家企業）的價值增長幅度來計算，所以在稅務上會被視為投資報酬。投資的資本利得稅負比一般所得更輕，[75]而且可以遞延到變現後才徵收。比起單純賺顧問費，私募股權公司基本上可以用更低廉的成本（從基金的利潤中）賺取收入。

然而，即使稅負是私募股權公司獲利的唯一理由，它們還是會有正當性不足的問題。稅法為什麼應該獎勵高風險借貸？私募股權創造出較小的稅基並享有較低的稅率，為什麼應該由大眾繳納更高額的稅來彌補？尤其是考慮到私募股權專業人士的助理繳的稅率還比較高？

內線交易和經理人濫權行為

第二個可能性是私募股權公司比其他人擁有更多資訊，這是另外一種市場不完全。某種程度上來看，這種懷疑論是對的——在私募股權的協助及慫恿下，管理階層收購可能會是一種制度化的內線交易形式[76]和經理人違反道德的濫權行為。一個執行長與私募股權合作，借錢從他正在效力的股東手中買下自己管理的公司，然後在短時間內再次將公司上市，賺到遠超過普通執行長薪資的利潤，在旁觀者眼中，這仍然是一種濫權行為。

不過，這些濫權行為並非整個私募股權故事的全貌。大多數收購案的買方並不包括管理階層在內，而私募股權基金收購的企業有很多是由單一個所有者兼經營者售出的，沒辦法自己對自己盜用資訊。私募股權買家也經不起過度膨脹支出來系統性收買現有管理階層，藉此達成交易，而且還能在短暫的持有期間內獲利。無論如何，即便是私底下，也沒有私募股權公司願意承認內線交易或機會主義是它們的成功祕訣。

資訊優勢論有一個比較中立的說法，是私募股權公司擁有更好的管道來獲取市場資訊。所以，即便沒有賣方管理階層提供內幕消息，它們也一樣更擅長挑選收購對象，或更懂得把握交易時機。從法律上來看，只要這類市場資訊是將次要事實編織成重大訊息，或是來自可合法取得的模式（也就是說，非經上市公司的內部人取得），私募股權公司便可自由使用。舉個例來說，有一份研究指出，私募股權經理人能夠系統性地預測與其投資組合公司類似的上市公司收益，並運用這樣的資訊，在該產業的鼎盛時期把公司賣掉，[77]以便收割績效費。這種基於資訊所做的解釋，與私募股權公司在資本市場上的核心作用息息相關。

強化管理階層追求獲利的動機

自一九八〇年代以來，私募股權的支持者便迴避拿租稅套利或內線交易自吹自擂，而是提出一套不同的說法，[78]指出是私募股權的基本設計帶來更好的管理。透過債務、薪酬和治理機制，私募股權公司強化了管理階層追求獲利的動機。

負債之所以有幫助，不是因為它比股本更便宜，或甚至主要不是因為它有租稅優勢。[79]反之，債務急遽增加，迫使公司為了償債而迅速改善現金流，否則後果堪慮。財務風險誘發出一種清教徒式的工作倫理。在債務的約束下，私募股權的百分之二十潛在利潤分成提高了增加價值的誘因，[80]而這種利潤分成也會與共同參與投資的經理人共享。嚴格的公司治理手段，避免大型兼差董事會昏昏然聽著花言巧語的管理階層報告，然後享用豪華晚宴的情況，且能在公司陷入困境或正逢策略變革之際，迅速出手干預，穩定局面。[81]這整套方案可以對被自滿且動機不足的管理階層[82]搞到遲滯鬆散的成熟企業，施以震撼療法。或面對曾經盛極一時，卻受到裙帶關係束縛的家族企業二代，[83]也能加強其紀律。

以一九八〇年代的收購案來看，證據顯示此種說法有其道理。許多上市公司在那個十年剛開始之時債務不多，董事會被動且資訊不足，而且經理人沒有太多動力為了增加價值而採取冒險或困難的行動。執行長們以擴張版圖或增加營收的方式來提高自己的薪資和獎金，卻犧牲掉利潤。很多人用股東的資金來買公務飛機，其中一個臭名昭彰的執行長還帶著他的德國牧羊犬一同搭機。[84]七〇和八〇年代的經濟挑戰令許多公司束手無策，像私募股權公司這樣積極的所有權人，確實有可能透過更好的治理提升公司價值。[85]

這套解釋對中階市場或家族企業來說可能仍然成立。不過，今天的上市公司與前人再也不能同日而語。[86]經理人不再認為美國想當然爾穩居霸主地位；任何受貿易影響的產業莫不時時刻刻主動應對全球化及其帶來的挑戰。執行長們現在大多透過股票和股票選擇權拿到豐厚的報酬，所以他們有很強的誘因去拉抬公司股價。整體而言，企業債務比一九八〇年代初期明顯高出許多。董事會規模較小、作風較強悍、處事較幹練，也更有可能在公司的利潤陷入停滯時出手干預。九〇年代興起的行動派避險基金，會不斷地監督和施壓上市公司，而要求它們做的正是八〇年代私募股權基金會做的事情。[87]

在八〇年代，機構股東開始自行對上市公司施壓，而且不再例行性地批准管理階層提出的擴張版圖交易。因此，上市公司經常進行改組、分割、拆分（spin-offs）和資本重組（recapitalization）等操作，所有這些都抵銷了私募股權過去一向能貢獻的那種財務或組織變革。工會的力量和會員數已經減少，使得公司能自由的裁員和縮減人力，這在八〇和九〇年代變得司空見慣，而且至今仍然如此。誠如一位密切觀察過去三十年收購案的專家史蒂芬・凱普蘭（Steven Kaplan）在一九九七年所說的：「現在我們全都是亨利・克拉維斯。」[88]

關於私募股權公司創造價值的能力，還有另外一種說法是私募股權公司能把管理專才帶給它們收購的公司。[89]同樣的，這種說法在一九八〇年代的一般情況下可能有些道理，而對於創辦人正要交棒給下一代的中型企業，或被大公司出售或拆分出去、而且管理階層缺乏獨立經營能力的業務部門來說，或許也仍然成立。自一九九〇年代開始，小型的私募股權基金也已經走向按產業專業分工的道路，使得它們有可能將身為變革推動者的意志和對此類企業有價值的專業知識兩相結合起來。

然而，專業知識為什麼需要關聯到整間公司的收購，理由仍然很不明確。管理顧問公司、投資銀行、人力資源部門和獵人頭公司都可以、也經常提供業界所需的知識和人才。高薪的私募股權專家們拿到的報酬雖然高居榜首，但在私募股權公司的推波助瀾下，上市公司轉向股票及選擇權形式的薪酬制度，經理人的收入也水漲船高。沒有看到什麼明顯的勞動市場失靈現象，可以合理說明當代私募股權產業的規模何以如此之大。

金融專業化和規模經濟

就整個私募股權產業來說，它之所以能夠成功，目前大眾可以接受的最好解釋是私募股權的價值在於金融專業化和規模經濟。大型私募股權業者（對債權人）的信用和聲譽，[90]以及它們與其他金融機構之間「過度緊密」[91]的關係網絡，給了它們從事融資業務的優勢。私募股權增加價值的做法與百年前的摩根大通集團（J. P. Morgan）如出一轍。換句話說，私募股權公司其實就是銀行，儘管它們不接受存款也不直接提供貸款。

需要負債資金的公司當然可以自己找銀行或到資本市場上籌措。但對任何公司來說，這類資本交易通常很罕見，每五年或更久才會發生一次。相較之下，私募股權公司倒是會為了舉債或股權而經常進出資本市場。最大型的那幾家公司持續不斷地發起新基金、清算投資、舉債來融通新的交易、還債或債務再融資，並處理因為它們運用債務而導致的破產。私募股權公司在高度制度化的金融市場上是典型的重複參與者，在這個市場裡，看似微小的資訊差異便可能轉化成巨大的現金流衝擊。

誠如一位研究人員所得出的結論：

簡言之，今天私募股權對美國企業的主要貢獻似乎在於成本低廉的債務融資，[92]而非治理、策略和營運。

這個解釋之所以看似合理，是因為一九九〇年之後出現了一個新的資本市場，對私募股權的運作至關重要：槓桿貸款（leveraged loan）市場。在八〇年代，有助於實現大型收購案的垃圾債券因為過度擴張而聲名狼藉。儘管被愛好者稱為高收益債券（high-yield debt）的垃圾債券捲土重來，但它逐漸地被銀行的高風險貸款所取代。

面對九〇年代的銀行危機導致更高的資本要求，銀行開始透過聯貸來增加它們分散風險的管道：它們發放貸款，但事實上會接著把貸款轉賣出去，買家不只是其他銀行，[93]也包括保險公司、避險基金、擔保債權憑證（Collateralized Debt Obligation，CDO）發行人等等機構。私募股權公司因深入參與資訊和交易流程，所以能夠大大地降低舉債的利率。債券由證券法及證交會所監管，而槓桿貸款在法律上則不受證券法約束。這表示這種貸款安排不會觸發證券法的揭露要求，槓桿貸款市場不受證交會管轄，也不適用內線交易的規定。

儘管數據有限，但仍有一些關於私募股權是否增加價值的研究。整體說來，這些研究指向三個結論。首先，就跟上市公司的收益一樣，收購的報酬是有週期性的，意思是私募股權公司從來不曾如良好治理版的故事所暗示的那樣，擁有打敗大盤的整體能力。[94]第二個與此相關的結論是，私募股權的風險比人們所以為的更高，所以計入風險調整後的報酬只能說是差強人意，甚至更糟。第三，即便私募股權在八〇年代的表現確實優於上市公司，但現在也不復如此了，尤其是在扣除費用之後。[95]一份研究發現，私募股權對外公開的績效表現反映的是過高的估值，扣除費用的原始業績平均值比標準普爾500低三%，而計入風險調整後，即使私募股權公司每年只收取六%的費用，[96]其每年績效表現仍比大盤低六%。一份二〇一六年的研究，根據私募股權基金投資人提供的機密報酬數據得出的結論是：

收購基金的平均報酬率……在二〇〇六年以前已經超越……公開市場……（但）二〇〇五年以後……該報酬率與公開市場大致相當。[97]

重要的是對投資人來說，私募股權投資只是達到損益兩平而已。若是如此，那麼私募股權對整個社會的廣泛衝擊就變得更加重要，需要加以理解和評估。

私募股權對社會的整體影響

在這個地方，我們遭遇到和檢驗私募股權基金是否及如何增加價值時的相同障礙。缺乏透明度，阻礙了人們對私募股權整體社會影響進行可靠且可複製的評估。假使投資人並未因此獲益，而私募股權只是靠著製造出經濟學家所謂的負面外部性（negative externalities）——也就是說，傷害到第三方——來實現損益平衡，那麼私募股權因為黑箱作業所造成的正當性不足，自然也就會更加嚴重。

雖然公開揭露這件事本身會產生成本，但資訊不揭露卻可能隱藏、甚至引發社會危害。資訊祕而不宣阻礙了現有的競爭，也會減少進入市場的新競爭者。消費者在資訊不透明的市場上付出的價格比在公開市場上還高，導致社會福祉受損。黑幕重重，會把記者和研究人員必須費盡心力調查私募股權擁有的公司，才能揭發出來的許多具體危害掩蓋住：詐欺、[98]惡劣的工作條件、[99]減薪、[100]超收客戶費用、[101]虐待老人、[102]健康與安全違規行為、[103]政府腐敗、[104]排放有毒物質、[105]排放溫室氣體、[106]甚至是侵犯人權。[107]其中有些危害可能是粗心懈怠的管理階層造成的，但有些其實恐怕是反映出價值被移轉到私募股權公司或其投資人的身上。若是如此，這些就不會是明智的商業領袖會在公開場合談論的品德了。

若必須預測私募股權的整體社會影響，其結果也是複雜的，而且會隨著私募股權所擁有的企業生產的產品或服務，以及該企業如何受到法律與法規的監管而有所不同。回想一下，私募股權以舉債、薪酬制度及治理作為，激發出追求現金流極大化的強烈動機。增加現金要靠擴大營收或降低成本。削減成本比提高營收來得容易，而最容易降低的就是人事成本了。若無法律規定的補償措施，對雇主來說，解僱一些勞工再另行聘用其他人的成本，常常比重新訓練既有員工更低廉，即使重新培訓對員工來說比較好。私募股權尤其可能危害到美國的員工，因為他們的法定權利薄弱[108]（在經濟合作暨發展組織〔Organization for Economic Cooperation and Development，OECD〕所評估的國家中是最弱的），包括失業保險的給付被低估，[109]加上不再受到勞動法或工會的有效保護。承擔了部分失業成本的勞工和納稅人，通常有可能因為私募股權在經濟中的主導性更強而蒙受損失。

那麼消費者呢？私募股權可能會嘉惠到搜尋品（search goods；在售出前就明顯可見其價值的商品或服務）的消費者，因為購買了就能受益。相較之下，私募股權比較有可能會傷害到信任品（credence goods）的消費者，譬如醫療、法律服務和高等教育，因為消費者對其品質沒有把握，而診斷與處置的過與不及都是典型常見的情況。經驗品（experience goods）介於兩者之間，由於購買之後才知道品質如何，所以結果不盡相同，取決於消費者在賣家之間切換的意願和能力。

更普遍地來說，在管制法規的執行迅速而有效的地方，便能壓制私募股權過度削減成本的誘惑，但在執法緩慢或參差不齊的地方就不行。若能透過法律建立起一套完善的裁罰與執行制度，私募股權擁有的企業便可能投入資源建立有效的控制系統，而比起其他企業，它們也比較不會把成本轉嫁給第三方。不過，若是法律設計不良或執法不力，或無法精準地因地制宜（譬如信任品市場），或因為規範不明確而可能被操縱（例如在法律傾向於依賴標準而非規則的情況下），那麼私募股權擁有的企業便比較有可能把成本轉嫁給第三方。

如果這個分析是正確的，那麼在受管制的產業譬如公用事業或基礎設施，或是在傳統上（由於服務提供者有必要基於經驗做出判斷）必須依賴專業文化或自律來提供社會保障的行業，私募股權公司對社會秩序的威脅最為嚴重。同樣的，令人想到的例子包括醫療和高等教育在內。如果人們認為美國的法律和執法體系運作良好，那麼便會預期私募股權能改善社會成果；若人們認為這套體系運作不良，或日漸惡化，那麼他們對私募股權就會抱持相反的看法。

就私募股權對貧富不均的影響而言，評估起來是比較簡單的。差異化的投資機會是財富逐漸集中的重要途徑。[110]在進行企業收購後，私募股權公司減少就業機會，造成大量的工作流失，[111]降低時薪收入，[112]並使得依賴穩定工作的社區變得動盪不安。[113]它們在稅收方面享有的優惠是難以辯駁的，它們的所有權也很集中。舉個例來說，截至撰寫本文為止，黑石的市值為一千一百六十億美元，其執行長蘇世民（Stephen Schwarzman）擁有約二〇％的股權。KKR的市值為四百九十億美元，亨利．克拉維斯和喬治．羅伯茨共同持有三四％的股權。截至撰寫本文為止，凱雷的市值為一百二十億美元，三個領導人分別持有三〇％、三五％或四三％的股權，端視股票的計算方式而定。[114]私募股權老闆們的收入和他們的公司付給員工的薪水之間，可能存在非常巨大的差距，但此一訊息並未對外公開。

從另一個角度來看，由於市場壓力和法律變革的關係，自一九八〇年代以來，上市公司已經朝著和私募股權公司相同的方向發展。[115]同樣地，過去這二十年來，美國的法律、運動和投資銀行業的最高收入[116]也已急遽升高。值此同時，整體薪資成長卻幾乎趕不上腳步，而美國也經歷到貧富差距的大幅擴大，[117]這一點湯瑪斯．皮凱提（Thomas Piketty）已有廣泛的紀錄。研究人員發現，私募股權收購案導致「工作極化」（job polarization）的現象，[118]也就是說，高技能工作（譬如管理職和技術職）和低技能工作（譬如餐飲服務和清潔打掃工作）的就業成長，而中等技能工作（譬如文書、建築、製造和零售工作）的就業則下跌了。

皮凱提將美國和英國所得分配頂端的爆炸性成長，[119]歸因於公司治理中社會規範的演變，這種規範過去曾抑制了高階主管的薪酬。收購和私募股權公司（以及它們在學術界的擁護者），加上全球化和敵意接管，都是促成規範轉變的力量之一。

促成經濟成長，卻也擴大財富差距

身為美國公司治理體系的一分子，私募股權也直接造成那些不平等的現象。上市公司和私募股權公司所採取的政治行動已經全面改變了稅法、反托拉斯法、勞動法和管制規定，從而惡化了貧富差距。持平地說，無可否認的是私募股權活動是一股強大的力量，不僅促成過去五十年來的整體經濟成長（如為它們辯護的人所強調的）[120]，也是伴隨而來的所得與財富差距的推手。

總而言之，私募股權現在似乎主要是靠著它在資本市場上的核心作用獲取利潤。就跟過去的金融機構一樣，私募股權的角色反映了規模經濟的效應。私募股權集團的規模越大，它們對資本流動的影響就越重要。透過俱樂部交易、二次收購和利用商業團體（trade groups）來進行遊說，它們運作起來更像是盟友而非敵手。它們越是深入參與資本的流通，就越了解資本和產品市場，也越容易發揮資訊上和關係上的優勢。與此同時，它們控制的企業仍然保持私有化，免於金融上的對手、產品上的競爭者、管制機關和社會大眾的監督。

雖然私募股權基金的規模經濟不如指數基金，但五十億美元或以上的大型基金如今占私募股權融資的一半以上。大型私募股權集團在全球的成長規模和速度正在超越上市公司或整體經濟。它們和政治盟友們擁有龐大的政治影響力。有時伴隨著企業收購而來的戲劇性情節，加上缺乏透明度，使得它們對美國社會大眾的威脅更勝於指數基金。與指數基金一樣，私募股權基金製造出、也面臨了一個寡頭難題。

第四章 寡頭難題造成的政治和政治風險問題（到目前為止）

二十世紀中，上市公司曾是經濟和政府的核心部分，它們透過戰爭、證券法規、累進稅率、工會和監管等手段變得合法。但一九七〇年至今它們已然改變，而且是被政治和經濟所改變。

企業領導人挹注自己的政治資本，並運用順此而生的權力降低反托拉斯法規、稅收和監管限制，其中最重要的是，打壓他們最強大的政治對手——民間企業的工會。然而同一時期，上市公司的經濟自由度劇降。實際上，它們面臨了以全球化、通膨、自動化、敵意接管和收購等形式出現的生存危機。一九九〇年以來，它們也面臨一道以股東權利運動的形式問世，至今仍方興未艾的挑戰，其中，機構投資者——先是公共退休基金和避險基金，後有指數基金——在政治立場上結盟，進而削減它們的自主權。與此同時，原本看似已在一九八九年至一九九一年的經濟衰退中式微的私募股權產業正漸次復甦，而且成長速度遠遠快於公共股權市場，正在經濟和政治體系中取代上市公司的地位。

今日，指數基金和私募股權基金本身在政治領域都很主動、有影響力，其他的政治參與者——民間社會組織、社會運動家，以及政黨和政治家等——他們自己也紛紛回應這些基金日益茁壯的經濟影響力與政治勢力。指數基金在具有政治影響力的議題上變得越來越強勢，像是多元化、勞工待遇和氣候變遷等，引來右派陣營指控社會主義色彩，也招致左派指控反壟斷損害，並在諸如企業政治揭露等其他議題的進程大扯後腿。相比之下，私募股權基金則是避開更多經濟領域不談，它們有些是借助帶有政治爭議色彩的稅收減免，有些是透過持續壓制勞工並擴大貧富差距，也有些單純就是在任何以營利為目的的領域幹得有聲有色——無論是指滿足或欺騙消費者、提高生產力和創新，或是將負面後果強加在不知情的第三方身上。

指數基金和私募股權基金在政治舞台上的當代背景

伯利—米恩斯筆下的上市公司保有在政治方面的組織力和主動性。它們在國際上不再受到社會主義威脅、在國內不再受到勞工威脅，也不再被反托拉斯法強力約束。它們比二十世紀中繳更少的稅（甚至比美國前總統唐納・川普〔Donald Trump〕進一步減稅後更低）、監管更鬆，尤其是經濟監管方面。自由市場思想在政策辯論中比一九六五年那時更普遍。新冠疫情過後的通膨飆升期間，（美國前總統）尼克森式的薪資與價格管制*甚至不曾被納入考慮。企業受到的主要約束不再是政府或勞工，而是和市場一致的股東治理。

多數政府監管就算被弱化依舊有其效力。勞工的報酬、最低薪資法規和失業保險就算被通膨有效抵減總算保住。職場和安全法規就算執行不力照樣存在。環境法規就算只是少少更新以反映氣候變遷，仍然沒有斷過。企業確實有在納稅並依據稅務法規進行規劃。聯邦安全法規——以及它們為大企業帶來的透明度、正當性和當責性——套用在上市公司時大體上仍是完好無損。

一些一九六〇年代組織有序的政治對手——消費者團體、人權組織和左傾的智庫——持續敦促制定與商業利益反其道而行的法律。有時候兩邊政黨面臨的情況一樣：多元化和移民之類的議題比較常見於民主黨，但共和黨也不惶多讓（就這點來說，大企業通常比共和黨更開放看待世界主義和勞力自由流動）。但是，民主黨自柯林頓以來就變得比二十世紀中更開放、更一貫親商，而共和黨則是持續強力反對稅收，並在多數的商業議題上反監管。

簡言之，一九七〇年以來針對大公司的政策態勢顯著改善。企業很習慣國內政治領域傳來捷報。

與此同時，企業缺乏公眾信任和正當性，這便迫使它們尋找盟友或著力訴訟、高度技術性的法律以及監管任命之類的管道，而這些都是有投票權的大眾不會追蹤的領域。上市公司越來越受到一支組織有序的全新反對團體監管：一般來說是股東，尤其是機構股東，而其中指數基金更是日益凌駕其他所有股東。伯利—米恩斯筆下企業的分散股東所具備的假定被動性不再被視為理所當然。機構股東是一股全新的政治力量，汲汲營營爭奪個別企業的掌控權，在更廣泛的範圍亦然。反管理

* 譯注：曾凍結薪資與物價波動九十天，還成立負責核准薪資與物價上漲的薪資與物價委員會。

階層的股東決議總數從一九八七年還不到四十件，到了一九九一年已經增至一百五十三件，或說大約每四十二家美國上市公司就會有一件提案。[1] 二〇二二年，這類議案共有七百九十七件，或說大約每八家企業就會有一件提案，[2] 而且在標準普爾500（最大型上市公司）中，平均每一家每一年至少都會收到一件提案。

光是一九九〇年，「更多股東提案獲得通過……比一九九〇年以前那一整段歷史所看到的股東提案還要多。[3]」最近，獲准的提案總數大幅跳升，從二〇一〇年至二〇一九年期間的一%，到了二〇二〇年升至一二・四%[4]、二〇二一年升至一九・二%。由於多數已經預料失敗的企業都會讓步並和解，這些決議的影響就顯得比數字所代表的意義更巨大。傑洛・戴維斯（Gerald Davis）[*]和崔西・湯普森（Tracy Thompson）[†]曾主張，股東權利運動迅速成功背後——一九八五年才崛起，一九九〇年就已發揮強大的政治影響力——透露出，一九六〇年至一九九〇年機構所有權的成長有多麼重要。[5]

指數基金和私募股權基金化身為政治組織崛起

一九七〇年代企業取得政治成功，而一九八〇年代股東以政治勢力之姿崛起的後果是，在一個比起二十世紀中儼然顯著改變的政治版圖中，指數基金和私募股權基金已經化身為政治組織崛起。少了勞工這股勢力、企業缺乏公眾信任，加上政府自身積弱不振，指數基金和私募股權基金的潛在勢力十分巨大。在一個民主和資本主義已經與一九二〇年代及一九三〇年代截然不同，而危險程度卻不相上下的時刻，它們通常遠比任何其他類型的組織都更有力量與大企業一較高下。

二十世紀中那種舒適的企業與勞工聯盟不復存在。新政中有許多特點都有助於資本主義和商業合法化，一般來說都已經被消滅或減少。證券法規施壓上市公司所需具備的透明度大體上完整無缺，但僅限於不屬於私募股權商所擁有的公司。美國

* 譯注：現為美國密西根大學商學院教授。
† 譯注：現為美國華盛頓大學商學院副教授。

企業整體而言算是熬過全球化和自動化，但也只是變得全球化，開始倚賴缺乏工作保障和雇主福利的承包商，同時將越來越多的工作外包給地理位置偏遠的國家。它們就這麼幹，因而在美國大眾眼中已經失去大部分的正當性，儘管依舊容易受到敵意接管和股東激進主義攻擊。

結果就是，大眾認定企業領導人越來越背離美國的基層政治。大眾輿論對大企業的觀感跌至歷史新低點。民粹主義不單局限於左派——幫川普選上總統。目前來看，上市公司正備受指數基金和私募股權基金威脅，方式不同而已。指數基金直接威脅，亟欲打造超越上市公司的影響力，部分原因是更多民眾正透過這一類基金將資金和精力投入治理。與此同時，私募股權基金威脅著想要完全取代上市公司，將它們私有化，遠離指數基金所有權和證交會的揭露規則。反之，這兩種型態的基金本身也承受政治壓力。共和黨抨擊指數基金是社會主義者的工具；而民主黨怪罪私募股權基金是財閥統治的工具。

指數基金和私募股權基金的政治影響力

隨著指數基金和私募股權基金日益成長，它們在政治領域變得越來越主動，也越來越有影響力。有些發揮影響力的活動帶有防禦色彩——由於其不斷壯大勢力或是被外界認定早已大權在握，於是越來越受到政治企業家和公眾懷疑論威脅。這樣一來，指數基金和私募股權基金的政治影響力和政治脆弱度休戚相關——雙雙源於自身的龐大規模造就了財務影響力和資源，得以在爭取權力和行動的能耐上壓倒多數其他組織。

指數基金如何發揮政治影響力？它們最主要是以企業的大股東之姿採取迂迴手法行事。因為指數基金在所有的大型上市公司中持有越來越多股權，因此頗能影響經濟。它們可以利用自己身為股東所掌握的投票權左右合併案、董事會選舉和股東決議的結果。它們可以運用自己的權力確保企業的高階主管會接聽它們來電、和它們開會討論，並針對一系列議題與它們打交道。指數基金運作將政策議題納入公共議程、影響法規的制定方式，並回應特別與公司有關的選擇和危機。它們影響公司，進而影響經濟，連同民選官員的治理方式。即使國會或證交會或某個其他機構並未強制要求企業採取某種特定方式行事，指數基金也有能耐施壓企業照辦。公司治理可以是一般政治治理的替代品，而且日益如此。

關注社會議題的股東提案（也就是不特別聚焦公司治理之道的提案）中，八〇%是由組織而非個人發起，[6]這一點與大眾普遍認為，只有怪咖職業股東才會在股東大會上抨擊資方的印象恰恰相反。這些組織通常不包括指數基金。反之，它們涵蓋公共退休基金、宗教組織（修女相當活躍）、慈善機構、社會影響力基金（為了發揮政治影響力而設立的共同基金），以及一票利用工會在美國政治遭逢長期衰退的過程中部分取而代之的民間社會組織。勞工組織也提出股東投票的議案，但是它們提出的議案占總數僅不到一〇%。多數提議來自左派陣營，不過保守派組織也拋出幾百件議案。[7]指數基金越來越強勢主導這些提案的投票結果。

其中有許多提案具備明確、廣泛的政治共鳴。最重大的議題是多元化、氣候變遷和企業政治活動，[8]占股東決議逾半。每一件都在企業範疇之外的一般政治領域中激發出巨大的草根性能量。其他票選議案涉及一連串現代政治議題：[9]以色列—巴勒斯坦衝突、虐待動物、使用塑膠瓶、收入不平等、臉部辨識技術：這些議題要列的話沒完沒了。在所有主題中，公眾能量都被導入公司治理。指數基金主動選擇或被迫採取政治立場。

公開追求高階管理層級多元化的道富銀行

有個例子是道富銀行促進性別和其他形式的多元化。綜觀美國歷史，種族和性別平等一向是政壇上一觸即發的引爆點，也依舊在分裂美國政黨的文化戰爭中穩坐核心位置。離岸外包無可避免引來種族和民族的多元就業問題，加上資本家有必要迎合美國白人中產階級以外的市場，全球設點的美國上市企業早已被迫多元化。

不過指數基金一向都在敦促企業在高階管理層級實現真正的多元化，力道甚至遠遠強過全球化的要求。道富銀行——基本上是一家託管銀行，為各種型態的華爾街公司處理後台職能——或許堪稱最領先的實例。多年來它一直把公開追求多元化，當作自家的企業目標之一。[10]

舉例來說，二〇一七年它搞出盛大排場，委製無畏女孩（Fearless Girl）——這是一座雙手叉腰迎風挺立的女孩雕像——附帶一塊裝飾性的牌匾，上頭寫著「了解女性領導的力量。她，能做出改變。」無畏女孩最先被安置在華爾街附近的滾球綠地（Bowling Green）公園，對面正是象徵金融市場具備生錢能耐的華爾街銅牛雕像。無畏女孩現在則是直接站在紐約證券交易所（New York Stock Exchange）對面。[11]

道富銀行的多元化訊息也可以在對外開放的官網上看到：[12]

「我們的員工遍布全世界，因此知道我們的差異之處使我們成為一家更強大的公司。我們致力發展一處環境，足為具備特出背景和獨到觀點的個人提供平等機會。在共融中有歸屬、在多元中有成長、在平等中有公正。」道富銀行身為私人持有的上市企業，在招募人才和配置員額的決策過程中享有追求多元化的權限。不過因為它也擁有多數其他上市公司的大量股票，因此自身的企業價值觀便會對更廣泛的企業界產生影響。

道富銀行的《二〇二一年盡職治理報告書》（2021 Stewardship Report）指出：「我們除了呼籲性別多元化，今年益發聚焦解決系統性的種族不平等問題。」它呈報兩百二十場與這道主題相關的企業「參與」。[13] SHE*是道富銀行發行的一支指數基金的股票代碼，用於投資「在高階領導層級中表現出比其他同業更彰顯性別多元化」的公司。道富銀行發布多元化指南，但盼「在我們投資組合中的所有公司[14]都公開揭露」多元化訊息，包括「董事會監督」、「策略」、「目標」、「指標」和「董事會多元化」。

---

* 譯注：全稱是SPDR SSGA Gender Diversity Index，並未著墨女性，而是強調性別多元。

道富銀行的努力遠不只出一張嘴。正如它的指導文件明確陳述，它將善用手上的投票權支持自家言論：「如果一家公司……並未揭露自家董事會的種族和民族組合，我們將投票否決提名委員會主席（Chair of the Nominating Committee）。」說得更白一點，道富銀行指出：「如果一家公司……並未延攬至少一位來自缺乏適當代表的種族或族裔社區的董事，我們將投票否決提名委員會主席。」就性別而言，「二〇二三年股東會季節開始，我們將期望公司……在董事會中至少要有三〇%是女性董事。」

換句話說，道富銀行正敦促企業超越美國法律在董事會性別多元化方面的最激進要求——二〇一八年加州提出要求，截至二〇二二年，總部設於當地並在證交所上市的公司至少得延攬二至三位女性董事。此外，道富銀行的努力持續不輟，而加州的法律卻因為違反當地的平等保護條款，二〇二二年遭到廢除。

這類壓力源於一大票指數基金以外的機構投資者，促使近年來上市公司董事會多元化的實務顯著增加。[15]正如世界大型企業聯合會（Conference Board）*最近報告：「標準普爾500大企業中，二四%在二〇二〇年揭露它們董事會的種族組合。」而且「二〇二一年這麼做的公司」超過兩倍（達五九%）。在標準普爾500大企業的董事會中，女性席次比率顯著增加，從二〇一六年的二〇%升至二〇二一年的二九%。在更廣泛的羅素3000指數（Russell 3000 Index）†的企業中，這個比率在二〇二一年升至二四%。種族多元化落後性別多元化，但也在上升中。

在政治領域，多元化的努力依舊分歧，投資者、學術研究人員和意識形態人士對這道主題的信念涇渭分明。許多人相信，多元化和獲利動機不謀而合，同時還有一個讓人信服的商業理由，支持企業董事會與高階領導團隊日益多元化。[16] 舉例來說，私募股權公司凱雷——不像道富銀行那樣公然地支持多元化——在報告中這樣說：

---

* 譯注：研究企業經濟與管理的獨立非營利組織。

† 譯注：由市值最大的三千家美國企業組成。

> 在凱雷的投資組合中，延攬兩位或以上多元化董事會成員的公司，[17]每年的平均盈餘成長率比缺乏多元化的公司高出近一二%……在鎖定產業、基金和起始投資年份後，平均來說，擁有多元化董事會的公司產出盈餘成長的速度快五倍，每一位多元董事會成員都與年化盈餘成長率五%息息相關。

二〇二〇年，那斯達克（Nasdaq）交易所採用一套「遵循或解釋」標準（隔年獲證交會批准），要求在此上市的企業揭露它們是否擁有多元化的董事會，[18]否則就得解釋為何沒有。右傾智庫的活躍人士與學者指稱這項提案「不道德」，以及根本是「進步的社交工程」[19]（social engineering）*。這道上市標準的合法性成為兩支保守影響力訴訟團體，以及近二十位紅州（red-state）†總檢察長[20]向聯邦法院提出質疑的主題。他們主張，儘管那斯達克要求公司只要揭露自家董事會沒有多元化的原因就好，但這項標準仍可說是在它們身上強加配額制度。

力挺多元化，指數基金三巨頭的影響力

那斯達克是營利事業，整體而言不是為了追求政治目標而組成，但支持這套標準的陣營不僅那斯達克本身，還有一大票在此上市的公司聯盟。沃奇爾・立普頓企業律師事務所（Wachtell, Lipton, Rosen & Katz）代表近一百二十位退休法官、證交會官員、商業律師和法律學者呈交一份法庭之友書狀（amicus brief）‡，主張：「在公司治理和資訊揭露方面，像證券交易所這類民間企業行動者可以創新的自由，[21]就是（美國）公司法和證券法體系的一項預期特徵，也是（美國）資本市場成功的重要原因。」指數基金三巨頭發起人也力挺那斯達克標準設定的目標，它們是先鋒、貝萊德和道富銀行。[22]

* 譯注：意指發揮影響力或說服力欺騙他人，以便獲取有用資訊的手法。
† 譯注：支持共和黨的州。
‡ 譯注：指不直接涉案的人士或機構向法庭呈報的法律文書，以提供相關意見或資訊。

反對派則辯稱：

追求報酬的投資者對這些建議規則的興趣[23]不同於資產管理者，尤其是指數基金經營者。指數基金經理人很可能會從那斯達克的多元化規則中獲利，即使它們不會影響股價……（因為）它們促發治理的行動主義……對外從……具備社會意識的千禧世代和退休基金管理者……吸引資產。這會反過來提高經理人的費用。

換句話說，這類批評者主張，指數基金支持多元化形成利益衝突，使得基金發起人將公司和全體投資者的利益置於次要地位，轉向偏袒對多元化政治敏感的少數投資者。這些批評者沒有解釋的部分在於，要是多元化對投資者不利或根本就是有害無益，為何指數基金支持多元化的立場卻沒有嚇跑不支持多元化，或是只求利潤最大化的投資者。無論個人對這樁衝突的整體看法為何，不可否認的是，它闡明指數基金如何在面臨並因此被捲入複雜、無可避免的政治辯論時發揮影響力。

揭露企業政治支出的爭議

二〇一〇年，最高法院在聯合公民訴聯邦選舉委員會案（Citizens United v. Federal Election Commission）中推翻好幾項先例，允許企業管理階層開始自由地在聯邦選舉活動中花用企業資金。法院這麼做是遵循路易斯·鮑威爾（Lewis Powell）*一九七一年為美國商會（US Chamber of Commerce）[24]撰寫的爛劇本。它偏離正常程序，編造一套虛構歷史，描述企業在新近獨立的美利堅合眾國如何運作，還藐視自家的解釋性規範，採用第一修正案（First Amendment）推翻競選財務法規，不單適用於被起訴的能言善道的非營利組織，更適用於全體企業。它的

* 譯注：已故最高法院大法官。

前提——上市公司以某種方式代表幾千名散置各處的股東——最多也只能說是模糊難懂，不過其中的政治意涵卻相當明確。時任大法官安東尼・甘迺迪（Anthony Kennedy）在代表多數派的書信中推定，企業的政治支出將會被揭露。甘迺迪大法官顯然不清楚，公司法或證券法都沒有要求揭露政治支出。

這項決定引發社會震驚——高達八〇%的美國人抱持反對看法，其中也包括多數共和黨選民——導致諸多要求上市公司揭露自家政治支出的嘗試舉措。這類揭露以前不是太重要，因為支出僅限於州級和地方選舉以及公投活動。揭露也是共和黨計畫的一部分，算是倡議削弱競選財務法規的基礎。幾十年來，反對多數競選財務監管形式的保守派主張，應該建立一套完全揭露的無限支出制度。舉例來說，在一九九〇年代針對全國政黨使用不受監管的「軟錢」（soft money）*爭議中，保守派專欄作家喬治・威爾（George Will）提議將競選財務監管只簡化[25]為「九個字：零現金、全揭露、零外資」。同理，二〇〇〇年《華爾街日報》（*Wall Street Journal*）編輯委員會寫下：「我們的觀點是，《憲法》允許合法成年人盡其所能地為他們渴望的對象奉獻，[26]但必須在網路上揭露。」

聯合公民放手讓公司在選舉期間花錢後，關於企業政治揭露的辯論變成帶有新型態的政治意味和黨派色彩。大眾公民（Public Citizen）是倡導消費者權益的組織，一九七一年由羅夫・奈德（Ralph Nader）†創辦，以遊說制定競選財務法規，並開始推動立法或監管因應措施為旨。與此同時，喬治・威爾和其他共和黨成員則毫無愧色地推翻自己許下的資訊揭露承諾。[27]民主黨撐腰的法案在參議院遭到共和黨阻撓而被封殺。最終，國會未能採取行動。[28]學術界請求證交會提出政治揭露要求，但是後者都還沒能下定決心動手，共和黨就在國會開始安插預算附加條款好阻止證交會有所作為，同時也針對民主黨領導層一直以來都不樂意協商移除議案的附加條款，把充分的優先權壓在這項利益上頭。結果是，上市公司可以在聯邦選舉中

---

* 譯注：在聯邦競選法律規定範圍以外的領域籌措並使用，而且對聯邦選舉可能至少產生間接影響的資金。

† 譯注：美國消費者運動之父，當代最受尊敬的公設辯護人。

毫不受限地花費股東的資金，完全不用被要求揭露它們花多少、怎麼花。

這些事態發展驚醒投資者，他們很關注政治對企業策略有多重要，以至於企業的政治活動已經成為評估企業價值、監督企業管理階層的重大風險因子。研究人員也指出，管理階層可以運用公司資金當作政治競選活動獻金，以便追求他們的個人利益，用意是著眼未來能在政壇謀得一席之地——實際上，二〇〇〇年時在任、二〇一一年退休的執行長中，一一%曾先轉戰政壇才又再度退休。[29]更普遍來說，在多數產業裡，可以觀察到的政治活動——政治行動委員會（political action committee，PAC）*的捐款和呈報的遊說——都和股東權力及價值的評估標準呈現負相關，這證明是風險，即企業的政治支出可能只是浪費資源，更糟的是，資深管理階層根本不務正業。[30]

華府讓股東心灰意冷，於是他們加強行之有年的活動力道，個別施壓公司揭露自家的政治活動。二〇〇三年問世的政治課責中心（The Center for Political Accountability）長期追蹤並回報這類揭露活動，因此開發出股東決議範本，並開始提報到年會上投票。到了聯合公民成立時，八十五家企業採用政治課責中心提供的一套政策並稍作調整變化，用以宣誓揭露自家的競選活動。[31]截至二〇二〇年，這個數字已增至兩百四十家。

二〇一〇年至二〇二〇年，外界持續籲求美國大型上市企業的股東表態支持，要求公司揭露自家的政治活動。總的來說，在這段期間股東支持率穩定上升，而且隨著時間拉長，決議獲得多數支持的比率也持續走高。二〇二一年，這類提案中有四十二件進行投票，其中十件以多數同意票通過，而且平均支持率達四一％，這可是歷史新高。[32]

＊ 譯注：美國政治參與中，個人、企業或單位組織成立的專門性團體，主要功能是收受並提供政治獻金給特定候選人或政黨。

指數基金面對揭露決議的立場各異

一般來說，機構股東，尤其是指數基金，如何回應這類議案進行投票？它們在政治支出揭露這方面採取的立場一向遠遠落後，和針對多元化及氣候的立場截然不同。截至最近二〇一九年，最大的四大指數基金發起人中，僅道富銀行一家，支持標準揭露決議。[33]這一點和其他表態支持的機構形成鮮明對比，[34]好比那些遵循準則的機構就呼籲公司，每年揭露所有政治和慈善捐款的金額及受贈對象，以及透過第三方提供，專門用來標記這類活動的任何支出項目。

其他指數基金發起人即使不情願，最終也可能會屈服——只是說動作快或慢。二〇二一年，貝萊德和先鋒首次支持政治課責中心的模型揭露提案，[35]在十二家與這項議題有關的企業中，貝萊德投票支持其中一半、先鋒三家。道富銀行的支持率則是從二〇二〇年的四六%上升到二〇二一年的七五%。富達依舊在主要指數基金發起人的排名中墊底，但也確實投票支持其中一件議案。

指數基金發起人透過投票支持某些而非全部的政治支出揭露議案，其實是採取它們處理其他政治議題時的一貫做法：將它們的投票串連具體事實，而非一般性立場。舉例來說，全美連鎖烘焙商花食（Flowers Foods）販售神奇麵包（Wonder Bread）、天然自有（Nature's Own）和戴維的殺手麵包（Dave's Killer Bread）等品牌，二〇二一年有一件針對這家公司的政治支出議案，先鋒之外的三八％股東都投下贊成票。先鋒為自己辯護，說是政治在烘焙業的重要性比不上其他產業。（花食已經金援政治行動委員會超過二十五年，在自家最近的年報中提到監管不下五十次，也坦承自己倚賴能源供應，並指出這一點讓它面臨政治、勞工及供應鏈風險，更面臨公認的政治風險。這家企業雇用九千名員工，其中一千名加入工會。）

然後到了二〇二二年，先鋒改弦易轍投下贊成票。先鋒指出，二〇二一年投完票後，它鼓勵花食揭露更多資訊，這樣股東就可以評估董事會監管政治風險的成效，不過花食的政治揭露絲毫未變。[36]二〇二一年會議召開之前，雖說花食同意將政治納入即將進行的評估流程，卻不曾提供先鋒與主題相關的資訊。所有上市公司都必須完成這套評估流程，當作自家每年履行證交會呈報規定的部分責任。或許最重要的是，先鋒指出，花食的管理階層「承認（企業政治活動）是自家策略的重要部分」，這與先前它決定對揭露議案投下反對票的根本邏輯相互矛盾。

指數基金也發揮直接的政治影響力。每一家重量級的指數基金集團現在都坐擁一大票公共和政府關係員工。他們針對提議的法規撰寫長篇評論信函、參加專門討論他們關心議題的會議，而且直接遊說民選官員及轄下員工。他們支持的某一道全新監管構想，或是證券交易所正在考慮的上市標準，都可能顯著提高它們被採納的可能性。他們的表態反對則會讓官員較難推動一項提案。

指數基金展開遊說和公關活動

最大三家指數基金集團都是投資公司協會（Investment Company Institute，ＩＣＩ）的一分子，後者是一個商業團體，參與華府的辯論，有時還會代表旗下成員的利益提出法庭訴訟。這家機構的年度預算為六千五百萬美元，坐擁一百八十名員工。二〇二一年，它發布三十五份報告、超過三百項統計數據和一個持續更新的部落格。它金援一個政治行動委員會，後者在二〇二二年的選舉期間捐贈超過一百萬美元。[37]過去二十五年來，它每年持續提供五十個或更多的遊說單位四百萬至六百萬美元的公開遊說資金。

這家協會涵蓋幾千支基金，指數基金僅占極小一部分，因此它不總是可以或樂意推動有利指數基金的政策。儘管如此，由於協會是根據各基金管理的資產收取會費，因此指數基金對投資公司協會的潛在影響力就和它對上市公司一樣大，而且持續加強中。最低限度是，它們或許可以阻擋這個機構採取和自身利益背道而馳的立場。投資公司協會有時候會提供全世界資訊，用以最大限度縮減指數基金集團的規模和潛在影響力。

除了投資公司協會，每一家指數基金集團也會開展自家的遊說和公關活動。十多年來，貝萊德、道富銀行、先鋒和富達每年都各自在遊說單位花費一百萬至五百萬美元，公開的遊說支出和遊說單位的總數都超過投資公司協會。[38]遊說揭露既不仔細也不公開，但是指數基金遊說單位把資產管理監管納入它們聚焦的議題中，這一點應該也不意外就是。

正如大型指數基金集團的企業文化略有不同，它們在參與政治方面也採取不同的方式。先鋒缺乏公眾股東，因此付諸行動時一貫傾向低調、鮮少外顯，不過確實例行性地針對延宕的法案接觸國會的工作人員。由單一家族持有的富達向來也很謹慎。道富銀行雖是上市公司，最主要的收入卻來自與指數基金贊助沒有直接關係的各種服務，因此多半是聚焦其他政治議題。

最高調的政治參與者——貝萊德

這讓貝萊德成為「四大巨頭」中最高調的政治參與者。它並未迴避這項任務。二〇一〇年代末期開始出現反壟斷和財金獎學金，暗示指數基金和其他大型機構所有者的所有權可能會導致自家投資組合的公司遭受反壟斷損害時，貝萊德的代表大聲批評這些獎學金。[39]貝萊德參與會議、[40]發布白皮書，[41]還聘請遊說單位拜會政治人物，[42]企圖影響獲取獎學金的方式。

指數基金必須關照許多投資者的社會目標，這樣才能吸引他們掏錢投資。基於環境（Environmental）、社會（Social）和治理（Governance）三大目標的ＥＳＧ型態投資，日益透過以ＥＳＧ為基礎的指數實現，而且以ＥＳＧ為基礎的基金更是零售資產管理領域中成長最快速的區塊。ＥＳＧ這個字眼第一次蔚為流行是在二〇〇〇年代初期，聯合國發布一份名為《誰在乎誰就贏》（Who Cares Wins）[43]的報告，由一票國際金融機構共同執筆。從那時起，這個縮寫詞就成為大眾、投資者或企業管理者採用的總稱，用來取代以往慣稱的企業責任。這個詞生成於一九五〇年代的社會責任投資（socially responsible investing），而這個說法可以追溯到至少是一九八〇年代的南非撤資運動。[44]它的前身甚至更早，卻是在一九九〇年代才變得更普遍。[45]

自從聯合國的報告問世，ESG已經變成一種公司和投資者導正自身實際行為越來越重要的方式。一份報告指出：「（二〇二一年）在美國上市的ESG基金，單一年度成長率[46]是非ESG基金的兩倍以上，兩者各為八〇％和三四％。」在某種程度上，指數基金是透過追求政治目標回應社會責任投資的需求。

ESG投資的成長態勢明顯影響指數基金。不只是它們越來越常引入以ESG為基礎的指數，就標準的指數基金和它們的發起人如何利用自身潛在的政治影響力來說，ESG基金追求的價值觀更是已經形成重要的影響力。當然，涉及長期思維的最重大議題就是氣候變遷，指數基金和它們的領導者在這方面尤其具備影響力和爭議性，不單指前面討論過的那一類企業層面治理，更是指公開討論氣候政策本身。

驅動資本轉移，推動政治和政策

每當全球最大指數基金集團貝萊德執行長勞倫斯．芬克針對公共政策議題發言時，人人洗耳恭聽。他每年發布的致投資人的信就是打算引來媒體即時追捧報導，[47]實際上也確實如此。他的觀點都會被投資圈[48]和上市企業董事會的員工詳盡分析。政治人物和政策制定者也會受到影響。政治人物負擔不起無視推動資本市場活動的重要意識形態轉變的後果。

芬克立足高點，贊同這道偉大的理念：「資本的力量有塑造社會的能力，也是實現變革的重要催化劑。[49]」「隨著時間拉長而繁榮興旺，」芬克主張，「每一家公司都必須不只是實現財務業績，更必須展現它如何為社會做出積極貢獻。[50]」說得更直接：「氣候風險就是投資風險。[51]」芬克在兩年前就發表這句聲明，我們已經看到「資本出現結構性轉變」，而且「永續投資……現在（正）達到四兆美元。」這些話摘自他的二〇二二年致執行長信函。這種轉變只有一小部分歸因於芬克的公開聲明。不過轉變如此之大——實際上是遠遠大於二〇二二年《降低通膨法案》（Inflation Reduction Act）中的氣候補貼——以至於貝萊德在資本圈帶來的影響力仍然很大，驅動資本配置移往綠色事業，並隨之推動政治和政策。

貝萊德在一定程度上刺激了資本轉移，幫助證交會被延宕多時的上市公司氣候相關揭露法規提案[52]奠定基礎。貝萊德呈報一封二十二頁的評論信函，[53]總體而言是支持證交會的擬議法規。貝萊德重申自己支持「與氣候相關的強制揭露做法」，並斷然聲明貝萊德深信「氣候風險與投資者的決策過程具有相關性」。它也支持採行與《溫室氣體盤查議定書》（Greenhouse Gas Protocol）*一致的定量揭露。雖說貝萊德認為這件提案中某些做法太過分，也因此提出批評，但總體而言它表態支持，為芬克公開傳遞貝萊德視氣候風險為投資風險的論述增添可信度，也為證交會的提案造勢。貝萊德的背書反映出指數基金發起人發揮政治影響力的另一種管道——和活躍在政策領域的民間組織廣結人脈並招納盟友。

貝萊德透過評論信函在公司治理和公共政策事業加重自己的說話分量。在實踐過程中，它採取與某些上市企業及知名的商業貿易集團截然不同的立場。舉例來說，美國商會發布的評論信函指稱，這項法規「就範疇、複雜度、強硬度和法定的特殊性而言，稱得上巨大、前所未有，而且超出證交會法定權限的界線。[54]」石油公司大陸資源（Continental Resources）主張，這項議案超出證交會的憲法權限[55]，並說現有揭露要求早已綽綽有餘。

氣候變遷是威脅，也是金融商機

許多其他上市公司都力挺證交會的議案，其中甚至包括石油和天然氣業者。西方石油（Occidental Petroleum）的評論信函陳述：[56]「我們支持委員會改善氣候相關資訊揭露的一致性、可比性和可靠性的目標，並針對氣候變遷相關指標提供投資者有用的資訊。」當政策和政治恰恰將商業陣營和股東陣營一分為二，才正是指數基金的政治影響力發揮得最淋漓盡致的時刻。

＊ 譯注：由世界企業永續發展委員會（World Business Council for Sustainable Development，WBCSD）與世界資源研究所（World Resources Institute，WRI）所發起，是國際認可的溫室氣體排放盤查工具。

貝萊德對此一清二楚，因此在投入氣候變遷時也管理它面臨的政治風險。報導指出，執行長芬克直接告訴公司內部的治理團隊：「向公司高階主管解釋投票結果時要更加周到……特別是和氣候相關的提案。」出於「對大眾認知的……擔憂……貝萊德在推動環境議程方面可能太激進了。」[57]二〇二二年，隨著共和黨在募款和演說場合時越來越頻繁採用ESG當作談話要點，貝萊德支持氣候相關的股東提案的比率節節下降。

貝萊德把下降原因歸咎於提案的具體細節，[58]並表示裡頭比過去幾年涉及更多微觀管理。貝萊德也回擊共和黨批評人士，指控對方「針對貝萊德參與各種ESG相關倡議的動機提出不精確的陳述」。貝萊德同步強調，它持續持有幾千億美元的石油和天然氣公司投資，但同時也相信，氣候變遷是貨真價實的威脅——[59]也是貨真價實的金融商機。

指數基金發起人看待氣候就如同多元化及企業的政治活動一樣，各家觀點並不相同。先鋒回應證交會氣候揭露提案的評論信函中所展現的支持程度低於貝萊德。

暗示著這項擬議法規不應獲准通過，同時也對證交會釋出訊號，應該相信企業有能力依據氣候的重要性自行判斷，而這種做法等於是歡迎企業短報、漏報。先鋒這封信函的內容遠遠高出支持底線，因此不會激發氣候活動人士強力反對，但同時又能為共和黨和美國商會提供政治掩護。[60]

無論德州州長是否批准通過，即使先鋒或其他慢半拍的機構所有者並未直接表態堅持，多數上市企業都已經展開氣候相關揭露。事實上有些評估數字顯示，《財星500大》（*Fortune 500*）企業中，六〇％已經提出氣候承諾，更爆出一票企業乾脆許下「淨零」承諾。這類企業將會持續這種做法，因為它們的機構投資者整體看來——已經很習慣有計畫地行使股東權力三十年了——正在要求檢視這方面的資訊。

私募股權的政治影響力和成效

私募股權問世以來，多數時候都沒有表現出明顯的政治色彩，而是與自身常保私有化的整體策略一致，就連公司運作都盡可能不張揚、不透明。只有一段時期例外，一九七〇和一九八〇年代的私募股權公司被稱為收購公司，而且一直持續到一九九〇年代，它們（透過美國創投協會）協助遊說證券監管鬆綁，好讓它們在保持私有化的前提下更容易籌措資金。

根據證券法，私募股權基金持有的企業不用像上市公司一樣向股東報告。這讓新聞記者更難辨識出，這些公司或它們的管理階層參與政治的潛在起因。許多人進入私募股權這一行積攢財富，有錢到足以不在公共紀錄中留下可供觀察的軌跡就能影響政治。結果是，以檯面上的政治活動來看，很有可能低估這門產業對政治體系的實際影響。

儘管如此，始自金融危機期間，私募股權公司和它們的所有者開始公開遊說並參與選舉活動。這門產業在二〇〇〇年代中期成立第一支正式的商業團體，此後不久它的遊說支出就隨著金融危機爆發從相對較低的水準跳升至二〇〇七年的高峰，如圖四．一所示，數據資料取自非營利機構「OpenSecrets」（公開的祕密）*[61]。至

圖四·一：一九九八年到二〇二二年，遊說總金額

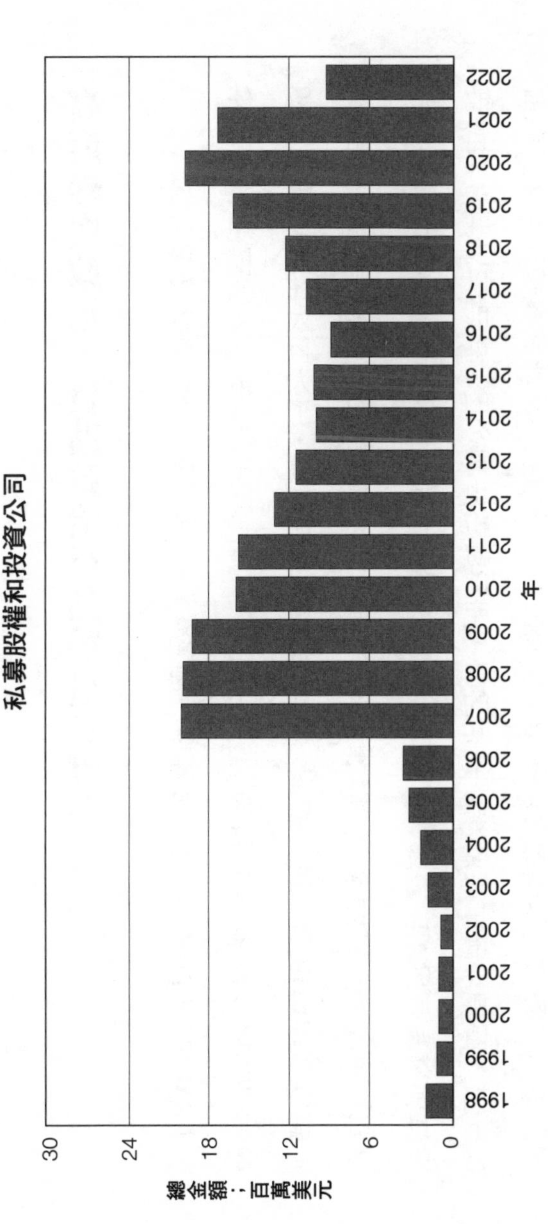

＊編按：負責追蹤競選財務和遊說的數據。

今，總遊說支出和最大那幾家指數基金旗鼓相當，與那幾家避險基金差不多，約為美國商會的四分之一。這門產業也直接或透過管道豪捐巨資給候選人，以及政黨或候選人掌控的政治行動委員會。

高度參與政治，贊助政治行動委員會獻金

這場危機帶來重大的金融改革——《陶德—法蘭克法案》（Dodd-Frank Act）。任何此等規模的改革都足以成為華府人士口中的「耶誕樹法案」（Christmas tree bill），因為實在太巨大了，以至於可以任意外掛一大票元素，就像裝飾品一樣。《陶德—法蘭克法案》很可能對私募股權產生重大影響。私募股權不太需要為這場危機負起什麼重責大任，但是危機過後的餘波是許多私募股權注資的收購案都以失敗告終，許多以前併購的公司也紛紛破產。它的基本商業模式是重度舉債，加上它和槓桿貸款市場參與者的關係緊密，讓它有充分理由在政府應該如何處理危機的辯

論中強力參與政治。這門產業有理由普遍密切關注治理金融圈的法規和法律，因為它們的基金和顧問公司的正式法律組織，有可能受到針對避險基金、一般投資顧問或投資公司等其他金融次產業的開放式法律定義所影響。

私募股權高度參與政治至今不輟。最近非營利機構「OpenSecrets」報導指出，早在二〇二二年八月，「私募股權和避險基金業就為二〇二二年期中選舉投入幾近三億四千七百七十萬美元。[62]」這些錢包括私募股權贊助的政治行動委員會獻金，以及私募股權專業人士的個人捐款。拿到最多錢的受款者——超過一百萬美元——是查克·舒默（Chuck Schumer）*。單單黑石在這一輪就貢獻兩千一百萬美元。其他四家躋身前五大的私募股權公司集團也都十分活躍：KKR、阿波羅和凱雷，外加聚焦房地產的布魯克菲爾德。

* 譯注：參議院民主黨政策委員會主席。

私募股權獻金和遊說的成效可以在特定的政策攻防戰看出來。私募股權——連同它的創業投資及避險基金盟友——有能力擋下另一樁企圖堵住附帶權益漏洞的條款，即二〇二二年的《降低通膨法案》，而這幾乎讓這項法案在通過過程中脫離正軌。許多報導指出，克絲頓・席納瑪（Kyrsten Sinema）*是唯一在刪除附帶權益改革的前提下才願意投票支持的國會議員。[63]她是二〇二二年私募股權獻金的最大受款者之一，根據非營利機構「OpenSecrets」指出，近十年來，「黑石集團為席納瑪的政治運作提供最多資金。[64]」

化身幕後藏鏡人，不惜代價攔截法案

私募股權也在投資組合公司的產業監管領域中主動從政治層面下手——特別是醫療保健這類專業化產業。二〇二〇年，私募股權注資的廣告幾乎讓《無意外法案》（No Surprises Act）脫離正軌。這是一次獲得兩黨廣泛支持的罕見立法，禁止各種高得嚇死人的醫療網外醫療服務費用，而這正是前幾年私募股權旗下的醫療保健供應商不當自肥的手法。

這是這項法案在二〇一九年被成功攔截之後的事。當年，私募股權不惜一切代價確保這套法規不會通過。二〇一九年七月，一個名為醫病一體（Doctor Patient Unity）的神祕組織發起一項活動，耗資近五千四百萬美元。後來有消息傳出，KKR旗下的展望（Envision）、黑石旗下的健康團隊（TeamHealth）是這場資金來源不明的活動的幕後藏鏡人。[65]正如這段插曲所示，總的來說私募股權已經變得和企業一樣高竿，懂得善用來源不明的資金管道，這是很久以前大法官鮑威爾在備忘錄中述及的善用策略開展商業遊說業務的做法。

* 譯注：無黨派亞利桑那州聯邦參議員。

投資成長型公司，撕去私募股權標籤

私募股權公司有它們自己的商業團體。二〇〇六年，私募股權協會（Private Equity Council）由十一家頂尖私募股權公司聯手成立，後來重新命名為私募股權成長資本協會（Private Equity Growth Capital Council）。這回更名突顯一股發展趨勢，那就是數量稀少但力量益發強大的私募股權正致力投資成長型公司，而非通常被融資收購設定為目標的成熟公司。增添成長型股權投資是一種金融多元化的形式，但也有助於對大眾傳遞訊息——讓這門產業擁有宣稱自己不僅有為債務融資、基於裁員手法的股權收購案提供資金的可能性，更觸及創造工作機會的新興企業。正如當年這支商業團體的總裁所說：「我們的新名字在傳達私募股權的完整意涵上更為貼切：成長型公司。[66]」

這支私募股權商業團體最近再度更名，改成美國投資協會（American Investment Council，AIC），完全撕去私募股權這個標籤。這有可能反映出某些私募股權經營階層的感觸，即私募股權中的「私募」是個沒用的字眼。普維投資（Providence Equity Partners）＊主事者強納森・尼爾森（Jonathan Nelson）接受電視採訪時說：「我想我們一開始取名為『私募股權』就走錯路了。[67]老實說，它聽起來很可怕。在一個講求透明的時代，任何帶有私密味的字眼聽起來都很不妥。」二〇〇七年至二〇一一年，這支商業團體每年平均花費兩百八十萬美元推動遊說業務；二〇一二年更是超過兩百九十萬美元。[68]它鎖定的議題包括私募股權稅收、合夥企業審計、利息稅收減免，以及那些證明「私募股權在成長及強化方面……企業……在每一州和每一個國會選區扮演關鍵角色」的象徵性法案。

私募股權商業團體代表赴國會山莊作證。二〇〇七年，一位人士在「私募股權對勞工和企業的影響」聽證會上作證，他提出充分理由闡述私募股權對就業成長的貢獻。雖然他必須承認：「私募股權投資對美國就業影響的數據只是傳聞」[69]，卻

＊ 譯注：中國官方譯名。

說那是「（商業團體）希望可以及時填補的空白。」二〇一九年，另一位代表在另一場題名為「美國待售？私募股權基金實務審查」[70]聽證會上作證。德魯・馬洛尼（Drew Maloney）*在證詞中第一步就強調創業投資和成長股權的角色，最後才轉向團體成員的收購業務部分——只是說，它旗下成員管理的多數資產都放入收購股權資金中。

資助研究工作，管理公共聲譽

私募股權基金和指數基金一樣，也會透過投資對自家產業有利的研究工作，主動管理它們的公共聲譽。早在一九八〇年代就有人發現，KKR在它資助的研究中扭曲它的收購案對勞工的影響。[71]這個產業商業團體支付研究報告的費用，[72]用以宣傳這一行對就業的貢獻。美國商會是它的盟友，表態反對旨為監管私募股權的立法草案，[73]因此贊助批評這項法案的報告。部分資金由私募股權普通合夥人挹注的私募資本研究所（The Institute for Private Capital）也贊助這門產業的研究工作和圓桌會議。[74]

這門產業反擊不投其所好的研究結論。二〇一八年，一支研究團隊發布報告，顯示私募股權持有的皮膚科診所執行可以高額報銷，並向聯邦醫療保險（Medicare）要求支付高費用療程的數量多得異常。[75]幾週內，私募股權施壓《美國皮膚學會期刊》（*Journal of the American Academy of Dermatology*）撤回這篇文章——沒給出任何理由，也沒有提出任何關於錯誤的證據。

私募股權基金和指數基金不同之處在於，前者不會參與股東決議過程。在證券法中，對擁有少數的正式合法所有者（好比基金公司）的公司來說，廣泛參與的治理權利並不存在，即使這家基金公司的最終經濟所有者為數眾多且分散。走向私有化所涉及的政治活動，免不了要在收購案結束後由公眾投資者結束對話。對私募股

---

* 編按：美國投資協會總裁兼執行長。

權投資組合的公司來說，它的所有者採取的政治立場為沉默是金。

不過私募股權發起人——頂尖私募股權公司，而非它們的基金所擁有的公司——別無選擇，只能就指數基金主動涉入的同一類政治議題發言。舉例來說，私募股權基金一向公開支持多元化。這就是所謂「說得一口美德」（virtue signaling）*嗎？私募股權基金不像指數基金，它不是向一般大眾直接籌錢——它們的金主是機構。有些機構關心多元化的承諾，好比公共退休基金。正如某一家服務私募股權的律師事務所指出，這類金主「更重視多元化……[76]而且要求提供更多有關多元平等共融（diversity, equity, inclusion，DEI）的指標。」

先發制人，私募股權產業發展出自我監管

私募股權的全球化範圍日益擴大，也意味著美國的監管架構——把私募股權排除在幾乎所有適用於上市企業的公司治理體系要素之外——並不是唯一舉足輕重的

要素。在歐洲，許多和揭露及治理相關的法規都不局限於上市公司。在歐洲運作的私募股權公司必須要留意歐盟關於多元化和其他社會議題的法規。舉例來說，歐盟的《永續金融揭露規範》（Sustainable Finance Disclosure Regulation，SFDR）可能強迫私募股權公司掌握董事會的性別多元化和薪資差距的動態。特別是在歐洲，私募股權產業有時候還會試圖針對一系列議題發展出自我監管的形式，[77]「顯然是打算先發制人，省得面臨強制干預的威脅」。許多私募股權基金在永續發展領域都已搶在上市企業之前就發表聲明。凱雷和KKR都開始自願發布永續發展報告，[78]證交會才正在考慮要求上市企業比照辦理。

二〇二一年九月，凱雷和黑石與其他規模比自己大的機構金主聯手，包括加州公務人員退休基金（California Public Employees' Retirement System），共享排放、多元化和善待全體員工等資訊。因為許多私募股權基金是向退休基金和主權財富基

* 譯注：特指在社群媒體上公開力挺崇高理念，但不一定付諸行動的作為。

金籌措資金，而這些金主都越來越關注氣候變遷和不平等之類的議題，有些更將自己重新命名為ＥＳＧ基金。最近《哈佛商業評論》（*Harvard Business Review*）有一篇專欄文章指出：「九〇％（接受調查的私募股權投資者）將ＥＳＧ納入自家的投資決策，[79]而且七七％把它當作選擇普通合夥人的標準。」

政治對指數基金和私募股權基金的威脅

對指數基金來說，政治威脅明確且尖銳。紅州的政治人物正開始把自己的立法要求[80]當作做生意的條件。受到煤炭產業慫恿，「在一位貝萊德資金經理人敦促企業二〇五〇年實現淨零排放後，（二〇二二年）西維吉尼亞州的財政投資委員會停用它的基金。」二〇二二年八月，十九位共和黨總檢察長致信貝萊德，其中以活躍在石油和天然氣產業活動的州官員為首，指控這家公司將氣候議程置於退休族群的投資之上，[81]也控訴它和其他投資者共同追求淨零承諾時違背反壟斷規定。西維吉尼亞州、路易斯安納州和阿肯色州的州財務長總共從貝萊德基金撤出七億美元，因為他們認定這家公司過分關注環境議題。[82]榮恩・迪尚特（Ron DeSantis）是一位坐擁八千英里低窪海岸的州長，嚴禁州退休基金作氣候和其他ＥＳＧ風險篩選。[83]

在聯邦層級，共和黨發起的一項法案正在參議院等待審議，打算完全取消指數基金的治理權，移轉給企業董事會和其他機構投資者。參議院第四二四一號法案將要求大型指數基金把非例行事項的表決權遞交基金的股東群，或是（交由基金發起人抉擇）根本就不要投票。表決權轉手牽涉的成本堪稱天價，以至於基金做出不要投票的決定根本是無可避免的結果：這項法案的設計初衷就只是為了把指數基金完全排除在公司治理和政治圈之外。

指數基金和更廣泛的ＥＳＧ運動已經出現在政治家籌措資金、營造人氣[84]的冗長演說和文章中。新創詞彙「覺醒資本主義」（**woke capitalism**）是維基百科（**Wikipedia**）的詞目，被標示為出自保守派的《紐約時報》（*New York Times*）專欄作家羅斯・道瑟特（Ross Douthat）之手，剛問世就遭受彭斯（Mike Pence）*攻擊。[85]他投書《華爾街日報》，說ＥＳＧ是「未經選舉產生的陰謀官僚」和「強大、有力的華爾街金融家」搞出來的「有毒策略」。彭斯的文章純粹是在作秀。他的解方——「下一任共和黨總統和大老黨（Grand Old Party，ＧＯＰ）†國會應該努力終結在全國使用ＥＳＧ準則」——將會違反第一修正案，也會凌駕整體金融領域的投資決策。但由於他說得一口美德，無疑有助他連結黨內的基層。

葛藍・貝克（Glenn Beck）‡把一檔廣播節目命名為「為何覺醒的執行長拿ＥＳＧ**破壞**我們的自由市場？[86]」（他刻意強調這兩個字）參議員湯姆・柯頓（Tom Cotton）§曾公開要求貝萊德，針對自家涉入環保組織氣候行動100+（Climate Action 100+）¶提出回應，還威脅採取某種反壟斷行動以示報復。[87]

當然，儘管有些公開聲明浮誇又極端，它們代表的政治威脅卻反映一個全面性的現實：經濟權力集中於少數造成的難題。正如美國股神華倫・巴菲特（Warren Buffett）的長期合夥人查理・蒙格（Charlie Munger）嗆辣批評：「我們有了一幫新皇帝，他們是為指數基金中的股票代為投票的人。[88] 我想這是勞倫斯・芬克的世界，但我不確定自己希望他成為我的皇帝。」

要不是指數基金的規模龐大，加上隨之而來的政治權力，就不會冒出衝著它們而來的政治攻擊。指數基金所衍生的寡頭難題在政治領域已經是顯而易見了。

來自左翼、民主黨政治人物和官員的攻擊

至今，衝著私募股權基金而來的威脅帶有不同的特點。它們多數來自左翼、民主黨政治人物和官員。私募股權團體一向被稱為「蝗蟲」、「資產剝離者」（asset

* 譯注：美國前副總統。

† 譯注：共和黨的別稱。

‡ 譯注：美國高人氣媒體主持人兼作家。

§ 譯注：代表阿肯色州共和黨。

¶ 譯注：投資者主導的全球倡議，確保全球最大溫室氣體排放企業採取必要行動。

stripper）*、「賭場資本家」和「掠奪者」。[89]私募股權基金的稅務優惠成為好些民主黨領導階層成員的靶子，[90]幾家規模最大的私募股權基金正面臨公共退休基金越來越強烈的資訊需要，[91]特別是在藍州（blue state）†。政評家也站在投資角度攻擊私募股權，[92]主張它們事實上並未產出更漂亮的風險調整後報酬。

二〇一四年，時任證交會審查部門主管的安德魯・包登（Andrew Bowden）在廣為報導的演說中明確表示，證交會已經開始關注私募股權業。[93]執法行動緊接而來。證交會也在二〇一五年和二〇一六年公開發布類似訊息。[94]最近，證交會提議要求私募股權基金揭露資訊。[95]這項提案延續反映一股加重私募基金公開揭露義務的趨勢。[96]三位民主黨參議員提出一項法案，將會要求任何超過一定規模的企業公開呈報，無論是指股東人數或是在某個證交所上市，這將會提高私募股權基金持有的最大型企業的透明度。[97]

一場更廣泛的攻擊刷新大眾一九八〇年代當時的擔憂——私募股權的收購業務製造過量債務、削弱美國經濟、利益衝突和非法濫用內線消息。這股威脅的焦點在於，買斷收購對被收購的公司，或是為收購案出資的銀行，帶來潛在的負面影響。[98]二〇一九年，三項衝著這門產業而來的獨立法案遭到延宕，其中包括名為《阻止華爾街掠奪法案》（Stop Wall Street Looting Act）[99]的H.R.3848（二〇二一年重新提出），是由伊莉莎白・華倫（Elizabeth Warren）‡為首的五位參議員共同提出。這項法案將會：

- 要求私募股權公司（不單指私募股權基金）和它們的個人所有者「分擔……的責任……自家掌控的（投資組合）公司的負債——包括債務、法律判決和退休金相關義務」；
- 收購後兩年內禁止分紅投資者、外包職缺；

* 譯注：買斷公司後不改善體質，反而轉賣部分求利。
† 譯注：支持民主黨的州。
‡ 譯注：代表麻州民主黨。

- 在破產程序中優先考慮勞工薪資；
- 一旦投資組合公司違法，終止私募股權公司的責任豁免權，[100]包括《勞工調整和再培訓通知法案》（Worker Adjustment and Retraining Notification Act，WARN Act，必須在大規模裁員之前先行）；
- 要求私募股權管理階層揭露費用、報酬和其他資訊；而且
- 恢復《陶德—法蘭克法案》的原來條款，要求籌備企業債務證券化的財務金融公司保留風險。

民主黨曾質疑一家英國企業打算將嬰兒配方奶粉部門賣給收購基金的計畫[101]，就是考量到這麼一來有可能讓已經因為嚴重供應短缺備受影響的市場區塊變得淺碟。反壟斷的擔憂和這些更廣泛的攻擊交疊出現。[102]而據報導，美國總統拜登（Joe Biden）政府正在對付私募股權，[103]聚焦醫院和資料中心等特定產業中整合式併購的反壟斷影響。[104]

採取任何方式強化私募股權監管的政策法律依據都帶有爭議。但是這門產業的政治風險則不然。就像指數基金，規模和權力招致其他政治參與者的關注。在美國政壇，私募股權產業權力集中於少數造成的難題已是昭然若揭。

第五章

我們能夠做什麼?

關於指數基金和私募股權基金引發的寡頭難題，我們能夠做什麼？我們有能力解決這道問題嗎？要是搞不定，那我們管理得了嗎？我們可以在無須損害各種型態的金融機構創造的經濟利益的前提下，降低它們引發並面臨的政治和政策風險嗎？

當我們考量改變政策的建議，以便解決上述經濟權力集中於少數的寡頭難題時，請謹記，這些基金帶來的好處很重要。這兩種型態的基金稱職履行金融職能，也都是全球經濟活力和成長的一部分。任何應對寡頭難題的政策都應該體認這一點，並嘗試維護資本主義的利益。

解決寡頭難題的簡單「解方」——設定上限、禁令或假設個別投資者可以或願意主動掌控資金的複雜法律——都很可能是下錯藥，而且也不太可能吸引兩黨支持。事實上，指數基金的收益規模，加上當前有海量資金都歸私募股權基金管理等諸多原因，意味著寡頭難題最好不要被視為一道需要被解決的問題，而是需要被管理的兩難困境。在某些方面，經濟權力集中於少數造成的難題是雙重問題：它是資金構成的威脅，也是資金面臨威脅所引發的政治風險。美國歷史曾經上演幾段插曲，最終顯示，對金融機構成長的政治回應很可能都是過度反應，而非改進之道。任何的政策干預都應該要小心謹慎、臨危受命，也應涉及授權好些專家監管機構，讓它們可以在市場回應、演化之際，隨著時間拉長而調整、精進法律妥善適用的能力。

在此提出的核心建議包括提高透明度，或說揭露，並調整目前適用政府機構的公共諮詢的法律要求。對已經扮演上市公司準監管角色的指數基金來說，這些工具應該要在直覺上說得通。對設計初衷就是在規避揭露法律的私募股權基金來說，匹配程度比較低，但透明度和公共諮詢有可能適合套用在私募股權的商業模式。由於我們在當前的政治關頭正面臨重大立法困境，這兩門產業明智接受約束力更強大的自我監管形式方為上策。

我們深入考慮或許可以做些什麼事，好解決指數基金和私募股權基金引發的寡頭難題之前，且讓我們先簡要地回顧它們的好處。

指數基金創造龐大收益，提升資產管理的競爭壓力

相對於其他選擇，指數基金為中產階級投資者創造龐大收益。指數基金的好處明確又巨大，既直接也間接。直接好處是，它們允許幾百萬美國人花費低成本就能安全地讓投資多元化。間接好處則是，它們普遍提升資產管理的競爭壓力。指數基金也很可能在協助掌控上市公司的管理階層追求個人喜歡的計畫、過度補償自己，再不然就是偏離公司所有者希望的發展領域等方面帶來正面成效之處。

私募股權基金又如何？有一道迫在眉睫的問題就是，若說指數基金成功的原因在於市場真的是太難打敗，為何同一道邏輯卻不適用私募股權基金？為何我們不應該將指數基金視為一道針對私募股權基金的大型概念挑戰，正如它們之於投資上市公司的主動式管理基金？

私募股權比得上市場，但打不贏它

針對私募股權基金收益的研究，比針對指數基金收益的研究更帶有試驗性和爭議性。許多產業聲浪都高分貝宣稱私募股權產出優異報酬，但這些聲明往往都是基於原始報酬數據——也就是沒有經過風險調整，也沒有經過替代方案基準測試——或者它們都是倚賴私有且未經驗證的數據。即使是沒有經過調整的原始報酬數據都顯示，私募股權為投資者產出價值的能力隨著時間拉長而下滑，[1]其他研究則發現，若適當地採用基準測試，私募股權比得上市場，但打不贏它——把私募股權公司收取的高額費用考量進來的話，那代表對投資者來說，它們表現不佳。

要確定私募股權公司是否提升投資企業的價值，部分難處恰恰在於它們是私人所有：很難取得業績數據，因此，比起指數基金，有相對較少研究團隊試圖嚴格檢驗它們的投資績效，而那些少數的努力作為則依舊帶有試驗性質，而且很難複製或驗證。結果是，現今的私募股權甚至是否曾為自家的整體投資者增加價值，都沒有形成普遍共識，更別提是為整個社會了。不過大型機構持續注資私募股權基金。

寡頭難題：深度參與政治，卻也面臨政治威脅

繼總結指數基金的龐大好處，以及私募股權基金潛在卻不確定的好處之後，接下來要再更精確闡明「經濟權力集中於少數的寡頭難題」。若欲相信這道問題確實存在，只要綜觀美國歷史並回顧類似議題持久不消的狀況，並釐清這兩種型態的基金已經如何地深度參與政治，而且未來仍將如何面臨全新政治威脅就好。不過，我們若想試圖解決這道問題，就需要更精微的診斷。診斷的三大核心要素是：指數基金和私募股權基金的規模和潛在影響力是偶然形成——未經規劃——而且不算是它們核心財務功能的一部分；兩種型態的基金運作或利用自身的權力遊說，以便擴張或維持監管差距；這些基金利用自身的財富與權力做些什麼事，這部分缺乏透明度。

運用權力的方式缺乏透明度

指數基金的成功彰顯正當性和當責性不足，這是出於它們的起源即是偶然形成的權力，也出於監管差距，同時還可歸結於它們本身未經規劃就崛起，進而發揮影響力。監管差距中有一道關鍵元素是，它們運用權力的方式缺乏透明度。私募股權基金和發起、掌控它們的母公司也面臨正當性和當責性不足，這些是來自創設這些基金的民間和公共決策的意外後果，也發自它們在擴張自身規模和作用時獲得意料之外的成功。顯見一九七〇年代沒有人在目睹早期的買斷收購案時想像得到，有一天這門產業竟然將會監督美國民間經濟九分之一的工作。

私募股權的正當性不足主要是來自它本身的私有性——或者，換句話說，它的保密性。它和指數基金產業比起來，遠遠更少向投資者揭露資訊，遑論大眾。在二〇〇〇年代中期一波大規模的買斷收購浪潮中，這門產業本身體認到有必要提升透明度，這是形成第一個正式商業團體的原因。「大眾想知道是誰在收購美國企業，」

華爾街投資銀行業的長期領袖菲利克斯・G・羅哈汀（Felix G. Rohatyn）說，「看看那些公司高層願意多徹底地揭開神祕面紗會很有意思。[2]」事實證明，揭得不太徹底。多年來，這個商業團體的規模依舊不大。即使在今天，更多有關私募股權的資訊都是來自它的投資者，而非構成這門產業的公司。

私募股權基金當責性不足

私募股權基金的當責性不足也比指數基金更嚴重。有個假設是，私募股權基金的投資者若非有錢的個人，就是退休基金、捐贈基金和主權基金等機構，因此它們都可以保護好自己。不過這些機構本身代表著分散的個人在行事，而後者並沒有提出任何要求的權利。現在，《陶德—法蘭克法案》責成私募股權公司履行有限揭露的要求，但也僅能解決私募股權行為準則的其中一個面向——潛在的系統性風險。

投資私募股權基金的退休基金的個別受益人多半不清楚，一般來說，巨大的金融力量會伴隨著各種責任，就更別提要求他們的退休基金代理人向私募基金顧問提出需求。不只是私募股權基金不受投票課責機制支配，它們更是只需面對任何供應自身資金需求的機構投資者代理人的課責機制就好。私募股權基金的動機是要搜尋可以保住資金的資料，以便證明自己有能力承擔整體風險及社會影響力，但充其量也很薄弱。

私募股權基金並非完全私有

針對這個重點的另一種說法就是，私募股權基金並非完全私有。「私有」暗示單單一位個人所有者，或是少數幾位個人所有者，他們享有透過契約將自己及名下財產連結起來的權限。但是多年來，私募股權基金已經成功遊說並獲得法律許可，可以從幾千名分散的投資者手中籌到資金，無須觸發證交會的登記程序，以及適用上市公司的治理與揭露相關要求。

多數透過私募股權投入的資金其實都不是代表有錢的個人投資，他們可能被假定成有能力保護好自己。反之，私募股權的資金現在多半是從其他機構籌來，[3]它們代表幾千名經濟受益者管理資金，加總起來超過二千萬人。其他私募股權基金的機構投資者——大學捐款、保險公司和主權基金——也代表一大票人士投資，總共代理幾百萬名投資者。唯有採用嚴格的正式定義來看，私募股權基金才真的是投資私人的資金。少數私募股權投資的最終受益者——退休人士、被保險人、公立學校教師、基金投資者、主權基金所屬國家的公民——甚至會意識到，他們的勞務和與之相關的報酬正在由KKR或黑石負責投資。私募股權基金不會直接提供終端受益者資訊，用以說明他們的資金如何被運用，終端受益者也找不到任何有效方式，可以監控這些和私募股權基金談判投資的代理人。代理人和私募股權公司交涉時，不會向終端受益者揭露名稱、費用、治理安排或利益衝突的保護措施。私募股權之所以私有，主要方式就是將它的業務封鎖在保密狀態。

限制治理的退出選項

最後，私募股權基金對投資者的鎖定期間為五年或更久，顯著地限制治理的退出選項。機構投資者自家的終端受益者通常沒有能力撤出挹注私募股權基金的資金。比較久以前由同一位私募股權顧問發起的基金所具備的名聲或經驗，無疑會決定機構投資者是否要注資新發起的基金。不過相對於當今上市公司和指數基金投資者擁有的退出權，時間延滞*只能提供微弱的當責性作用，況且，考慮到這類基金目前的揭露程度十分受限，即使在基金清算之後，時間延滞作用也會大幅受損。

* 譯注：自問題發生至運用政策影響經濟活動所需時間。

合理的政策選項：減少而非消滅寡頭難題

我們已經闡明，寡頭難題的問題本質，有很大一部分是存在於以前的監管和私人投資決策的意外後果，導致當責性和正當性不足的陋象叢生，現在要轉向該怎麼辦的問題。我將為兩種型態的基金提出幾套審慎做法，然後再考慮其他人拋出來的更大膽選項。讀者應該不要期待看到簡單的解方。我們很可能是在保留這些基金所創造的效益之際，制定出一套壞處最少的政策因應措施，以期減少而非消滅寡頭難題。

揭露可望當作對寡頭難題的部分回應。雖說不是解決寡頭難題的完整方案，但它比表象看起來更強大。指數基金和私募股權產業踏出的每一步都將會頑強抵制額外的揭露要求。事實上，限制揭露程度是私募股權商業模式的關鍵要素之一。而其抗拒的原因之一是，提高透明度會更加突顯這些機構已經變得多麼重要。

證交會應該要求指數基金，依據一個比當今（現行要求是每年僅一次）更高的頻率回報自家投資組合公司的投票結果。幾個大型基金集團正自願每季回報。現在，事發後的電子投票回報節奏更快速，也比以往便宜，而且不會加重基金投資者的不當成本。證交會有可能不太願意加快回報速度，因為對比較小型的顧問公司來說，遵循法規的負擔或許會超出成本。不過證交會統一監管全體共同基金產業的習慣並非順應《投資公司法》的要求。它這麼做單純是一種源於法律慣性的習慣。專為超大集團所扮演的獨特治理角色而量身打造的法規將不會未經授權就問世，而且將取得國會同意才得以依據規模量身打造，同時和證交會已在其他監管領域使用的法規一致。更廣泛應用這種做法，而非僅套用在指數基金上，這具備一定的價值。有些主動管理型基金也對某些上市公司擁有強大的投票權。頻繁的投票揭露有可能適用任何管理充分的資產，以至於在公司內部有強大投票權（舉例來說，掌控超過一％股權）的顧問。

可以定期更新的新揭露方式

更有甚者，證交會也可以針對基金顧問如何履行自己的信託義務[4]以票選基金比率，要求他們揭露更多細節。顧問可能在自己如何就新議題冒出頭時制定投票立場方面提供更多質性揭露。當前，基金投資者得知基金顧問對特定政策議題傾向的唯一時機，只會落在這位顧問針對提案投完票之後了。但是在那之前就告知基金投資者會比較恰當，這樣一來，他們就知道一個全新的治理議題已經出現，而這位基金顧問正在思考如何回應。有些議題與公司太過切身相關，以至於預先揭露不可行，不過往往議題都是先在某一家公司冒出來，然後隨著時間拉長才演變成許多家公司投票的主題。如果顧問可以主動為自己的基金股東辨識出正在浮出檯面的議題，股東將可以更有餘裕地因應——舉例來說，出脫基金股份——端視這位顧問如何因應這道議題。

這種型態的新揭露方式可能包括以下描述：

- 它們針對股東提案或其他類型的投票要求會反覆在投票過程中出現的主題，用來制定常設投票立場的任何程序。
- 它們如何選擇哪些公司要和誰合作，以及它們如何這樣做。
- 它們曾經完成哪些工作，又和公司的管理階層討論過哪些主題。
- 它們是否制定有關誰來執行這些業務的內部政策。
- 它們在制定投票立場時曾向誰尋求建議。
- 它們遭遇哪些關於投票的利益衝突政策和程序，又是如何執行。
- 它們是否在集團內部的各家基金之間同樣進行投票，為何這麼做，或者說它們是在不同的情境下採取不同做法。

這類揭露可以定期更新，也可以採用某種方式和投票揭露連結，以便允許基金投資者更充分理解，衍生自他們的投資行動的投票權被使用的方式和原因。基金顧問已經採取某種投票立場之前，這類揭露應該就先提示正在浮出檯面的議題——與先前提案大不相同的股東提案。

揭露也將解決私募股權的正當性和當責性不足。對私募股權來說，這將遠比指數基金遭遇的問題更嚴重，因為它們的商業模式繞著保密性打轉。即使二〇二二年證交會提議中規中矩的新式回報要求，還是遭到強烈反抗。任何更大膽的改革，即是對私募股權持有的公司推行完整的證交會回報制度改革，也都很可能被這門產業視為一股生存威脅。被視為足堪忍受的揭露很可能變得比上市公司被要求的全套揭露更嚴重縮水、淺薄而且不頻繁。這意味著，有必要思考揭露之外更實質的監管。

徵求投資者評論，參與決策過程

揭露要求之外，顧問還可能被要求採取某種結構化的方式，定期和自家投資者打交道。這可以是透過線上討論論壇完成，可以是打造特別針對投資者的入口網站、針對新主題表態可能採取的投票立場，以便徵求投資者評論，或是某些其他做法。事實上，超大型集團有可能被要求參與一套流程，旨在允許自家極度分散的投資者提供正在決策階段的顧問一些構想。對注資私募股權的退休基金和共同基金來說，這也可以歸在基金層級推行。也就是說，關於那些基金層面的互動，私募股權基金可能被要求和自家的機構投資者打交道，而退休和其他基金有可能被要求向自家投資者回報並與其維繫互動。

這類諮詢要求有可能採用白紙黑字寫下來，這樣一來基金顧問就不用受到公眾意見約束；它不必經由投票或權力傳遞，因為很可能不會被廣泛使用繼而發揮作用。反之，對感興趣、有參與感的終端投資者來說，諮詢將會是一種分享資訊的方式，提供他們看待指數基金的投票主題，以及私募股權基金如何做成決定的觀點。舉例來說，任何一種型態的基金都可能會請求自家投資者，針對諸如氣候、職場條件或大規模裁員等主題提供整體觀點。指數基金有可能會賦予自家投資者自行設定投票指引，或是讓他們仰賴第三方提供的指引。

有人可能會猜疑這類過程的價值何在。要是徒有過程卻沒有連動的結果，那有什麼意義？不過多年來我們都一直要求監管機構採取類似作為。法院並未（或至少不應該）推翻它們認定不明智或糟糕政策的法規；如果相關機構做不到通過法規之前先讓大眾有機會評論它們，法院確實就會推翻法規。

你也可以說那只是在作秀而已。但比較不那麼憤世嫉俗的觀點是，即使大眾評論針對一個政策問題向監管機構提出真正全新、真實又重要的資訊或洞見極為罕見，但他們有時確實可以做到，而且對提供資訊的人來說，這種行動很有價值。大眾評論通常會導致被提出的法規正式遭到撤回、[5]放棄或重大修改。大眾參與過程可以讓一些新資訊以即時方式共享。

與此同時，參與決策過程的選項足以減輕掌控大量權力或財富的個人，像是指數基金和私募股權基金的管理階層，做出全贏或全輸決策的相關風險。[6]這是寡頭難題的解方嗎？並不是。但總是好過完全不處理這個問題，也好過單純摧毀這些基金或是徒增它們龐大的新成本，正如某些擬議的政策改革（好比直接透過投票）就打算這樣做。

結語

揭露和公共監督，不要讓完美與善良為敵

兩種型態的金融機構出現在二十世紀後半——指數基金和私募股權基金——成長速度都超過整體經濟，成為經濟和政治體系中的強大力量。它們的成功帶出一個新式寡頭難題：正如先前的中央銀行、貨幣信託基金和保險公司，這些基金已經威脅到以民主手法管理的美國式資本主義。指數基金的成功奠基於它們為一般投資者產出真實、重要的經濟利益。私募股權對社會的好處比較不明確，但也持續透過退休基金吸引代表一般退休人士和勞工的投資。

或許是人類本能吧，我們很容易就想把任何新現象分成「好」或「壞」，然後據此給出回應。但是這兩種極端反應往往都不正確。當我們事後回顧，美國政治體系扼殺美國第一銀行（**First Bank of the United States**）和美國第二銀行（**Second** Bank of the United States）*都做錯了。中央銀行對社會既有好處，也有危險之處。最終取代它們的聯準會是一個混合型的公共／私有機構，依照美國民主的傳統方式運作，而且依舊提供有效（儘管永遠帶有爭議）手段來管理貨幣供應。這類混合型的機構是解決中央銀行造成的寡頭難題比較妥善的做法，好過試圖在一個沒有混合型機構的情況下運作現代經濟，或是讓這類可能全面貪腐的組織在缺乏制衡的情況下運作。

指數型基金有好處也有壞處。私募股權基金有好處也有壞處。事實上，資本主義本身有好處也有壞處。儘管本書名稱聳動，整體來說，金融資本主義，尤其是指數基金和私募股權基金這類金融機構，若被視為需要找出「解方」的「問題」，那它就不代表「問題」，而是經濟和政治之間的深刻衝突，正確的回應應該是公共（即法律、監管、政府、民主、政治）持續監督、私有活動受到管理。金融領域的深刻衝突之所以發生是因為經濟規模太強大，僅僅是把財富集中在少數人手中卻能產生龐大的社會效益，這便對民主造成真正的威脅。可以在歷史中看到許多解決這些困境的例子，而非無所作為或是消滅搞出困境的機構：地理分散、職能分離、活

＊ 譯注：分別於一七九一年、一八一六年成立，都是扮演最後貸款者的角色，可說是聯準會的前身，但也都遭到強力反對，各在二十年特許權到期後退場。

動監管、反壟斷、揭露、程序要求、混合型的公共／私有治理、更強力執行反影響力（而力排眾議的）法律。

當我們思考指數基金和私募股權基金引發的寡頭難題，於是把反托拉斯視為唯一解方時，聯準會的類比也是管用的警告。真正零碎不完整的央行將是自相矛盾的說法。自帶反壟斷權力的強健政府可以在防護大企業（即是最初的「托拉斯」）帶來的（經濟上與政治上）威脅方面取得出色成就。不過金融體系的某些功能需要專注又龐大的機構。採用本書建議的做法，對指數基金和私募股權基金以及它們擁有的公司施以更強力的反壟斷管理，將有可能改善現狀。

反壟斷不是唯一解方

但是單靠反壟斷無法解決寡頭難題。如果把指數基金打散變成毫無威脅性的規模，它們就無法產出同樣多元化的低成本投資效益。如果把指數基金變成貨真價實的被動型態，好比透過剝奪投票權，它們將會放大上市公司的代理成本，那就只是讓一百年前伯利—米恩斯發現的問題還魂而已。讓好處在經濟規模中流動，以及讓政治的經濟規模和集中化面臨風險，兩者之間存在顯而易見的權衡關係。這個權衡關係需要混合型的公共／私有組織，它會要求不再只把反壟斷視為回應規模和權力的唯一方式。

若想解決央行製造的寡頭難題，加大強制揭露和治理的要求有其必要，用它們來扭轉指數基金和私募股權基金搞出來的畸形局面也將有其必要。我們若想看看揭露和治理對付基金大致上的潛力，只需要留意，揭露和治理其實就是目前指數基金發揮作用的方式。讓指數基金強力影響美國經濟的同一套工具，可以用來提高它們的正當性和當責性。

從基金如何基於規避監管打造而成，這些工具的重要性也就顯而易見——它們是在新政時期被設計出來，自外於傳統的監管體系。一九八〇年代以來，鬆綁監管和重新監管的選擇，放大了大量分散的投資資本在幾乎沒有公眾監督的情況下四處投資的空間。私募股權幾乎完全是暗著來。指數基金雖然比私募股權基金透明，但也在「控制」（受到監管）和「影響」（不受監管）之間的監管差距中發揮力量。

每隔一、兩個世代，創業家就會打造全新機構以獲取金融領域的經濟規模。隨著機構的規模和權力起飛，就會開始威脅民主本身。政治體制如何因應這道威脅是重要、準憲政的選擇。極端選擇往往很糟糕：要是僵局阻礙任何應對措拖，威脅只會有增無減；要是政治體制扼殺或殘害機構，也會破壞機構創造的好處。比較妥善管理威脅的做法是揭露和公眾監督，不要讓完美與善良為敵。妥善因應當今經濟權力被少數公司掌控的問題，將不會永久解決民主和資本主義之間的緊張關係，但它們將為未來世代管理明日的寡頭難題打下基礎。

致謝

我感謝我的家人（Ingrid、Ava、Oliver和Henry）及已故的約翰・柏格（John Bogle），在有益的對話和好奇心協助下為這項計畫奠定基礎。就評論和討論方面，我也感謝威廉・伯蒂斯特爾（William Birdthistle）、西恩・柯林斯（Sean Collins）、艾納・艾豪格（Einer Elhauge）、喬治・格奧爾吉耶夫（George Georgiev）、艾瑞克・古德溫（Eric Goodwin）、傑夫・戈登（Jeff Gordon）、迦勒・格里芬（Caleb Griffin）、羅賓・格林伍德（Robin Greenwood）、豪爾・傑克遜（Howell Jackson）、尼可拉斯・萊曼（Nicholas Lemann）、多蘿西・隆德（Dorothy Lund）、馬克・羅伊（Mark Roe）、哈爾・史考特（Hal Scott）、蘇拉

伊・斯里尼瓦桑（Suraj Srinivasan）、丹・塔魯洛（Dan Tarullo），以及哥倫比亞法學院（Columbia Law School）、康乃狄克大學法學院（University of Connecticut Law School）、喬治城大學法律中心（Georgetown University Law Center）、華頓商學院（The Wharton School）、維吉尼亞大學（University of Virginia）、阿肯色大學法學院（University of Arkansas School of Law）、國際金融制度（Program on International Financial Systems）和哈佛大學法學院（Harvard Law School）工作研討會的參與者，本書的部分立論來自研究論文，他們為這些論文提出有用評論。我從查姆・赫布斯特曼（Chaim Herbstman）和拉爾森・石井（Larson Ishii）的研究協助獲益良多。我也從現今或曾經任職「四大巨頭」指數基金、國會工作人員以及證交會的工作人員和專員的對話中受益匪淺。斯塔斯・托爾曼（Stace Tollman）在整個過程中都提供卓越協助，而傑米・蘇（Jimmy So）和利・格羅斯曼（Leigh Grossman）則是為本書提供有用的編輯支援。所有錯誤都歸我負責。

延伸閱讀

第一章

Adolf A. Berle and Gardiner C. Means, *The Modern Corporation and Private Property* (1932)

由艾瑞克・波斯納（Eric A. Posner）與格倫・韋爾（E. Glen Weyl）所著的《激進市場：戰勝不平等、經濟停滯與政治動盪的全新市場設計》（*Radical Markets: Uprooting Capitalism and Democracy for a Just Society*），繁體中文版由八旗文化於二〇二〇年發行。

Mark J. Roe, Strong Managers, Weak Owners: *The Political Roots of American Corporate Finance* (1994)

第二章

John Bogle, *The First Index Mutual Fund: A History of Vanguard Index Trust and the Vanguard Index Strategy* (2006)

John C. Coates and R. Glenn Hubbard, "Competition in the Mutual Fund Industry: Evidence and Implications for Policy," 33 *Journal of Corporation Law* 151 (2008)

Dorothy Shapiro Lund, The Case Against Passive Shareholder Voting, 43 *Journal of Corporation Law* 493 (2018)

Adriana Z. Robertson, Passive in Name Only: Delegated Management and "Index" Investing, 36 *Yale Journal on Regulation* 795 (2019)

第三章

William A. Birdthistle and M. Todd Henderson, One Hat Too Many? Investment Desegregation in Private Equity, 76 *University of Chicago Law Review* 45 (2009)

Steven J. Davis, John Haltiwanger, Kyle Handley, Ron Jarmin, Josh Lerner, and Javier Miranda,

"Private Equity, Jobs, and Productivity," 104:12 *American Economic Review* 3956-90 (2014)

Elisabeth de Fontenay, "The Deregulation of Private Capital and the Decline of the Public Company," 68 *Hastings Law Journal* 445 (2017)

Elisabeth de Fontenay, "Private Equity's Governance Advantage: A Requiem," 99 *Boston University Law Review* 1095-1122 (2019)

Steven N. Kaplan & Per Strömberg, "Leveraged Buyouts and Private Equity," 23 *Journal of Economic Perspectives* 121 (2009)

第四章

William W. Clayton, Public Investors, Private Funds, and State Law, 72 *Baylor Law Review* 294 (2020)

Gerald F. Davis and Tracy A. Thompson, A Social Movement Perspective on Corporate Control, 39 *Administrative Science Quarterly* 141-73 (Mar. 1994)

Martin C. Schmalz, "Recent Studies on Common Ownership, Firm Behavior, and Market Outcomes," 66 *Antitrust Bulletin* 12 (2021)

Roberto Tallarita, "Stockholder Politics," 73:6 *Hastings Law Journal* 1617 (2022)

第五章

Catherine R. Albiston and Catherine L. Fisk,"Precarious Work and Precarious Welfare: How the Pandemic Reveals Fundamental Flaws of the U.S. Social Safety Net," 42 *Berkeley Journal of Employment and Labor Law* 257 (2021)

Heitor Almeida and Thomas Philippon, "The Risk-Adjusted Cost of Financial Distress," 62:6 *The Journal of Finance* 2557-2586 (2007)

Edith S Hotchkiss, David C Smith, Per Strömberg, Private Equity and the Resolution of Financial Distress. 10:4 *Review of Corporate Finance Studies* 694-747 (2021)

注釋

前言

1 Joseph A. Schumpeter, *Capitalism, Socialism and Democracy* (1942).

2 *De L'esprit Des Lois* (1748). 唐納・魯茲（Donald Lutz）提出一個著名的觀點，認為在美國革命之前，孟德斯鳩對英屬北美（British North America）的影響力勝過任何歐洲思想家。Donald S. Lutz, "The Relative Influence of European Writers on Late Eighteenth-Century American Political Thought," *Am. Pol. Sci. Rev.* 78:1 (1984), 189–97.

3 Mark J. Roe, *Strong Managers, Weak Owners: The Political Roots of American Corporate Finance* (1994).

第一章

1 John C. Coates, "Thirty Years of Evolution in the Roles of Institutional Investors in Corporate Governance," in *Research Handbook on Shareholder Power* (Jennifer Hill and Randall Thomas, eds., Edward Elgar, 2015)，總結一九八〇年以來聯準會的數據。

2 Mark J. Roe, *Strong Managers, Weak Owners: The Political Roots of American Corporate Finance* (1994); Morton Keller, *The Life Insurance Enterprise*, 1885-1910 —— *A Study in the Limits of Corporate Power* (1963); The "Money Trust," *New York Times*, July 24, 1911.

3 Henry Luce,"The American Century," *Life*, February 17, 1941.

4 Adolf A. Berle and Gardiner C. Means, *The Modern Corporation and Private Property* (1932).

5 布萊恩・柴芬斯（Brian Cheffins）指出，伯利和米恩斯分析的兩百家公司中，只有確認八十八家是真正屬於所有權與控制權分離的狀況，大多數仍然由一個或多個主要股東所控制。"The Rise and Fall (?) of the Berle-Means Corporation," *Seattle U. L. Rev.* 42 (2019), 445, 450 n.20. 不過，柴芬斯也提到，所有權分散的趨勢在一九三二年便已經開始了，他們所分析的趨勢在一九七〇年以前基本上已經成形。亦請參閱 Robert A. Dahl, *After the Revolution* (1970), 104.（「每個受過教育的人，現在都認為伯利和米恩斯四十年前在他們著名的研究中所確立的觀點是理所當然之事」）。

6 例如，請參閱 Ida M. Tarbell, "The History of Standard Oil," *McClure's Magazine*, November 1902.

7 Louis Brandeis, *Other People's Money and How the Bankers Use It* (New York: Stokes, 1914).（「公開被譽為是對治社會與工業弊病的一帖良藥。就像陽光被認為是最好的消毒劑，而電燈是最有效率的警察。」）；亦請參閱 Thomas K. McCraw, *Prophets of Regulation* (Harvard University Press, 1984)，討論到布蘭迪斯及其對大公司的批判。

8 Joel Seligman, *The Transformation of Wall Street*, 5.

9 Thomas K. McCraw, *Prophets of Regulation*, 168.

10 「佩柯拉委員會」（Pecora Commission）報告，參閱“Pecora Commission Report —— Stock Exchange Practices Report 1934,” Scribd.com, https://tinyurl.com/5n7j9yd8.

11 Ron Chernow, *The House of Morgan: An American Banking Dynasty and the Rise of Modern Finance* (2001).

12 例如，關於對證券法提案的攻擊，可參閱“Stock Bill Fight to Open Today: Republicans Charge Fletcher-Rayburn Measure Move to Russianize Industry,” *Wall Street Journal*, April 30, 1934.

13 在這段期間，民調顯示大多數人支持公用事業公有化，而支持銀行公有化的人跟反對的人幾乎一樣多。Seymour Martin Lipset and William Schneider, *The Confidence Gap: Business, Labor, and Government in the Public Mind* (1987), 61；亦請參閱Robert S. McElvaine, *The Great Depression: America 1929–1941* (1984), 205.（「大蕭條讓許多知識分子相信，某種社會與意識形態末日即將到來……〔而且〕有不少思想家轉向了馬克思主義。」）前德拉瓦州首席法官李奧．斯特林（Leo Strine）曾就伯利和米恩斯經典作品更廣大的政治背景進行探討，請參閱 “Made for This Moment: The Enduring Relevance of Adolf Berle’s Belief in a Global NewDeal,”working paper, May17, 2018.

14 Lipset and Schneider, *The Confidence Gap*, note 17, at 283; 亦可參閱 McElvaine, *The Great Depression*, note 17, at 207（「在一九三五年《財星》雜誌的一項調查中，有將近百分之六十的窮人在被問到時表示，政府不應『允許一個擁有超過一百萬美元投資的人保有這些投資。』」）

15 John C. Coates and Suraj Srinivasan, *Corporate Governance, Core Reading* (Harvard Business Publishing, 2018), 11–12.

第二章

1 "Proxy Fights: 2020," Activist Insight (2020), 10, https://tinyurl.com /n3h9n7vk（報導稱在三百五十樁委託書爭奪戰中，有一百六十八樁透過協議或投票成功取得至少一席董事）。

2 Robert G. Eccles and Colin Mayer,"Can a Tiny Hedge Fund Push ExxonMobil Towards Sustainability?" *Harvard Business Review*, January 20, 2021.

3 Paul Cootner, *The Random Character of Stock Market Prices* (1964). 甚至更早在一九六〇年時，兩名芝加哥學生便曾構思並寫出一個「無主動管理的投資公司」的理論模型，但這項早期工作並未被後來的研究人員或創新者所引用。請參閱 Justin Fox,"Chapter 7: Jack Bogle Takes on the Performance Cult (and Wins)," in Th*e Myth of the Rational Market* (HarperCollins, 2011), 111–12.

4 Burton G. Malkiel, *A Random Walk Down Wall Street* (1973)，本書乃借鑒於墨基爾和法馬的"Efficient Capital Markets: A Review of Theory and Empirical Work," *Journal of Finance* 25, no. 2 (1970), 383–417.

5 Paul Samuelson, "Challenge to Judgement," *Journal of Portfolio* Management 1 (1974), 17–19.

6 Fischer Black and Myron Scholes,"The Pricing of Options and Corporate Liabilities," *Journal of Political Economy* 81, no. 3 (1973), 637–54; Robert C. Merton (1973); "Theory of Rational Option Pricing," *Bell Journal of Economics and Management Science* 4, no. 1(The RAND Corporation, 1973),141–83.

7 一個更早的基金公司 Qualidex Fund, Inc. 是由理查．畢奇（Richard A. Beach）在一九六七年私人設立的，該公司於一九七〇年十月二十日向證交會提交註冊聲明，其營運目標是「成為一家開放式、多元化的投資公司，其投資目標是接近道瓊工業股票平均指數的表現」。該基金的註冊聲明於一九七二年七月三十一日生效。不過，這檔基金只銷售給機構投資人，一般不開放給社會大眾投資。該基金最後被納入坦伯頓基金集團（Templeton Funds complex）旗下，由於約翰・坦伯頓（John Templeton）討厭指數化投資的概念，所以這個指數基金在一九八四年遭到清算。

8 先鋒還有另外一個獨特之處：它的顧問公司是由該顧問公司所管理的基金所擁有，而非由個人或其他投資人擁有，使之實際上形成一種「互助」模式，從而削弱了顧問公司的管理階層為自己公司牟利而犧牲基金投資人的動機，譬如想要採取多角化經營。先鋒目前仍然採用這種獨一無二的治理架構。

9 John Bogle, "The First Index Mutual Fund: A History of Vanguard Index Trust and the Vanguard Index Strategy," Bogle Financial Center, 2006.

10 Laurent Barras, Olivier Scaillet, and Russ Wermers, "False Discoveries in Mutual Fund Performance: Measuring Luck in Estimated Alphas," *Journal of Finance* 65(2010), 179–216 (75.4 percent of funds have some skill); Jonathan Berk and Jules van Binsbergen, "Measuring Skill in the Mutual Fund Industry," *Journal of Financial Economics* 118 (2015), 1–20; K. J. Martijn Cremers, Jon A. Fulkerson, and Timothy B. Riley, "Challenging the Conventional Wisdom on Active Management: A Review of the Past 20 Years of Academic Literature on Actively Managed Mutual Funds," *Fin. Anal. J.* 75 (2019), 1–28 (surveying studies).

11 ICI Research Perspective March 2021 // Vol. 27, No. 3, Trends in the Expenses and Fees of Funds, 2020

（「股票指數共同基金的費率從一九九六年的〇・二七％下降至二〇二〇年的〇・〇六％。」）.

12 道富銀行在一九九三年發明一種新型態的指數基金——指數股票型基金（exchange traded fund）或稱ETF。SPDR Trust, Series 1, et al.; Notice of Application, ICA Release No. 18959 (September 17, 1992)。就大部分的治理目的及本文而言，ETF和指數型共同基金是很雷同的。請參閱Coates,"Thirty Years of Evolution in the Roles of Institutional Investors in Corporate Governance."

13 ICI Factbook 2022, p. 29.

14 例如，請參閱BlackRock, 2019 Investment Stewardship Annual Report (August 2019), p. 25（描述貝萊德的資產占全球股票市場總市值的比重為四・〇六％，而三大巨頭的持股比例「僅略高於一〇％」，卻隻字未提它們對標準普爾500企業的持股比例是高出許多，如本章注釋十九相關內文所提到關於蘋果、IBM及康菲石油的例子）；亦請參閱ICI Investment Company Fact Book 2020, Figure 2.9, p. 40（標示「美國股市中指數基金的占比很小」的數字，分母是以美國股市總市值來計算，顯示國內股票指數基金持股比例為一五％）。

15 "Worldwide Regulated Open-End Fund Assets and Flows, Fourth Quarter 2018," Investment Company Institute, release, March 27, 2019, https://www.ici.org/research/stats/worldwide.

16 Robert H. Sitkoff and Max Schanzenbach,"Did Reform of Prudent Trust Investment Laws Change Trust Portfolio Allocation?" *J. L. & Econ.* 50 (2007), 681.

17 讀者如果對這個問題還有任何疑問，貝萊德的員工在二〇二二年曾發表一篇文章證實了這一點。

Shreya Adiraju, Dalia Blass, Samara Cohen, Ananth Madhavan, and Salim Ramji, "On the Benefits of Scale Economies in Asset Management," *J. Portfolio Mgt.* 48, no. 5 (2022), 1.

18 ICI Factbook 2018, p. 43（報告指出指數型共同基金和ETF持有一三%的美國上市公司股權，而主動型基金和ETF的持股比例則是一四%）。

19 沒有一家大型顧問公司會將自己局限於只做主動式或被動式管理。就連先鋒也會發起主動型基金，而它的長期競爭對手富達投資（過去）主要專注於主動式管理，如今不但發起被動式基金，而且這方面的成長最為強勁，甚至於現在也可以合理的把富達視為繼三巨頭之外的「第四大」主要指數基金發行商。

20 John C. Coates, Ron Fein, Kevin Crenny, and L. Vivian Dong,"Quantifying Foreign Institutional Block Ownership at Publicly Traded U.S. Corporations," working paper, September 2016.

21 在個人投資人所持有標準普爾500指數企業的三〇%股份中，通常只有二八%的股份會行使投票權，而機構投資人持有的九一%股份中，除了三大巨頭外有七〇%的股份會行使投票權，而三大巨頭的投票率是百分之百。"2018 Proxy Season Review," ProxyPulse, October 2018, https://www.broadridge.com/proxypulse/（公布個人和機構投資人的整體占比）；Fisch, Hamdani, & Solomon,"Passive Investors," working paper, June 29, 2018, p. 21 and note 111, http://ssrn.com/abstract=3192069（公布三大巨頭行使投票權的占比）。就這些數據而言，在標準普爾500指數公司行使投票權的總股數中，三大巨頭的投票股數通常已經超出二七%。

22 例如，請參閱Stephen Choi, Jill Fisch, and Marcel Kahan, "The Power of Proxy Advisors: Myth or Reality?" *59 Emory L. J.* 869 (2010), 905–6（估算代理顧問公司的投票建議對實際投票結果的影響）。

23 要澄清一點，這裡的意思並非所有指數基金的投票行為都一樣，也並不是說它們一律聽從ＩＳＳ或Glass Lewis的建議。事實並非如此，請參閱Ryan Bubb and Emiliano Catan, "The Party Structure of Mutual Funds," *Rev. Fin. Stud.* 35, no. 6 (2022), 2839–78（顯示相較於其他基金，尤其是那些聽從ＩＳＳ或Glass Lewis建議的基金，大型基金集團在投票時往往更會尊重投資組合公司的管理階層）。反之，同一基金集團內的基金投票傾向一致，而少數指數基金顧問經理人便掌控了足以決定投票結果的股權。

24 例如，請參閱Department of Labor, Interpretive Bulletin Relating to the Exercise of Shareholder Rights and Written Statements of Investment Policy, including Proxy Voting Policies or Guidelines, 連結網址https://www.dol.gov/sites/default/files/ebsa/2016-31515.pdf，第一版發布於一九九四年，59 Fed. Reg. 38863 (July 29,1994)。該政策反映出在一九八八年二月二十三日致雅芳公司退休委員會主席赫爾穆特・凡德爾（Helmuth Fandl）和後續於一九九〇年一月二十三日致ＩＳＳ的羅伯特・蒙克斯（Robert A. G. Monks）的信件中所提供的更多非正式指引，指出投資組合公司股份的投票權不管在任何福利方案中均應被視為一項資產，受《僱員退休收入保障法（一九七四年）》（Employee Retirement Income Security Act of 1974）的約束；亦請參閱https://www.sec.gov/news/public-statement/statement-regarding-staff-proxy-advisory-letters（宣布撤銷關於投資顧問仰賴代理顧問公司的不起訴函，可以說是在鼓勵投

資顧問將治理活動內部化）。

25 Marcel Kahan and Ed Rock, "Symbolic Corporate Governance Politics," 94 B.U. L. Rev. 1997 (2014).

26 Theodore Mirvis, "Reflections on Airgas and Long-Term Value," Harvard Law School Forum on Corporate Governance and Financial Regulation, January 25, 2012, https://corpgov.law.harvard.edu/2012/01/25/reflections-on-airgas-and-long-term-value/.

27 Dorothy Lund and Elizabeth Pollman, "The Corporate Governance Machine," *Colum. L. Rev.* 121 (2021), 2563.

28 請參閱貝萊德在二〇一七年五月三十一日發布的新聞稿，https://www.blackrock.com/corporate/literature/press-release/blk-vote-bulletin-exxon-may-2017.pdf。這並不是在批判貝萊德在這方面所做的努力，該努力看來完全符合股東價值和社會價值。

29 例如：https://www.washingtonpost.com/news/energy-environment/wp/2017/05/31/exxonmobil-is-trying-to-fend-off-a-shareholder-rebellion-over-climate-change/（《華盛頓郵報》〔*Washington Post*〕的報導）；https://tinyurl.com/qnkkllr（《華爾街日報》的報導）；https://tinyurl.com/r2fedg7（《路透社》〔Reuters〕的報導）；https://tinyurl.com/y822p58d（《紐約時報》的報導）；https://tinyurl.com/vxjuq7d（CNBC新聞台的報導）。

30 Eric Rosenbaum, "Exxon Mobil Loses Support of a Powerful Voice in Climate Change Policy," CNBC, September 25, 2017, https://tinyurl.com/ybo3gwru.

31 「繼二〇一七年展現出特別高的支持度（包括在埃克森美孚公司和西方石油公司備受矚目的股

東大會上得到多數支持），到了二〇一八年，公司更願意在股東大會前便滿足支持者的要求。」"Climate Change and Proxy Voting in the U.S. and Europe," Harvard Law School Forum on Corporate Governance, January 7, 2019, https://tinyurl.com /qwcy6wh.

32 "2019 Investment Stewardship Annual Report," BlackRock, August 2019, p. 3.

33 "2019 Investment Stewardship Annual Report," BlackRock, p. 24.

34 "Vanguard Investment Stewardship Report," 2019, p. 36, https://tinyurl.com/sd9qe4w; "State Street Global Advisors Stewardship Report," 2018–19, p. 3 https://tinyurl.com/v663w3d.

35 "State Street Global Advisors Stewardship Report," 2018–19, note 54, p. 3.

36 Dorothy Shapiro Lund, "The Case Against Passive Shareholder Voting," *Journal of Corporation Law* 43 (2018), 493.

第三章

1 「基金」是企業在經濟上的實際擁有者，與營運及管理這些基金的「公司」之間存在著一個重要的經濟與法律差異，本章接下來將解釋此一差異。

2 "Economic Contribution of the US Private Equity Sector in 2020," Ernst & Young, Prepared for the American Investment Council, May 2021.

3 證交會關於私募股權基金的最新報告中提到，退休金計畫擁有二六％的大型私募股權基金，而個人擁有的比例為六%。SEC Division of Investment Management, Private Funds Statistics, Fourth Calendar Quarter 2021 (July 19, 2022), p. 18。私募股權基金的其他機構投資人包括金融機構、政府和企業的退休金計畫、大學捐贈基金、基金會、主權財富基金、組合型基金（funds of funds）及保險公司。亦請參閱 Rajesh Kumar, "Strategies of Banks and Other Financial Institutions," 2014, 243–54.

4 Steven N. Kaplan and Per Strömberg, "Leveraged Buyouts and Private Equity," *J. Econ. Persp*. 23 (2009), 121.

5 參見本書第二章。

6 《投資顧問法》第二〇五條。該條文允許共同基金只有在高於或低於特定指數皆對稱計算下才可收取激勵費用，被稱為「支點費」（fulcrum fees）。205(b)條。

7 Kaplan and Strömberg, "Leveraged Buyouts and Private Equity," note 60.

8 Joseph A. Schumpeter, *Capitalism, Socialism and Democracy* (1942).

9 這些數據是根據聯準會資金流量（Flow of Funds）報告和 Preqin 公司私募股權資產管理規模的數據比較結果。請注意，就私人公司方面，聯準會的數據是帳面價值（或估計值），而且可能低估了公平價值。Hodak 提出的證據顯示，即使美國上市公司數量從一九九八年至二〇一三年減少了四〇%，但同一期間營收達十億美元或以上的美國私人公司的數量卻增加了四〇〇%。Mark Hodak, "The Growing Executive Compensation Advantage of Private Versus Public Companies," *J. Appl. Corp. Fin*. 26 (2014), 20–28.

10 John L. Chapman & Peter G. Klein, "Value Creation in Middle-Market Buyouts: A Transaction-Level

Analysis," in Douglas Cumming, ed., *Private Equity: Fund Types, Risks and Returns, and Regulation* (2011), 229, 245–46.

11 在德拉瓦州法院將公平性挑戰視為一種救濟措施，使之受到法院對估值採取落後財務架構的束縛之後，證交會起初提議由其在審查這類交易的實質公平性方面發揮作用。但證交會的提案引起政治反彈，而德拉瓦州法院的反應則是在救濟案件和受託義務案件中都進行更積極的公平性審查。證交會改而在一九七七年頒布13e-3規則，大幅提高管理階層主導的私有化交易的資訊揭露要求。請參閱John C. Coates,"'Fair Value'as a Default Rule of Corporate Law: Minority Discounts in Conflict Transactions," U. *Penn. L. Rev.* 147 (1999), 1251.

12 自一九五〇年代開始，公開上市公司（不管是實際營運中的公司還是越來越常見的上市控股公司）會借入資金來收購其他上市公司，並且加以重組或是出售其通常很多元化的資產。巴菲特的波克夏海瑟威公司（Berkshire Hathaway）及維克多．波斯納（Victor Posner）的DWG公司、尼爾森．佩茲（Nelson Peltz）的基金管理公司Trian、索爾．斯坦伯格（Saul Steinberg）的信實保險公司（Reliance Insurance）和格里．施瓦茨（Gerry Schwartz）的Onex投資公司，都使用過這種手法。波斯納有時被認為是「融資收購」一詞的發明者。R. Trehan, *The History of Leveraged Buyouts* (2006).

13 Frederik Gieschen, "The Milken Way," Neckar Substack, September 27, 2021, https://tinyurl.com/yuxuxh38.

14 Andrei Shleifer and Lawrence H Summers, "Breach of Trust in Hostile Takeovers," in Alan J Auerbach,

ed., *Corporate Takeovers: Causes and Consequences* (1988), 33–56.

15 Michael C. Jensen, "Eclipse of the Public Corporation," *Harvard Business Review*, September–October, 1989.

16 米爾肯當年的薪水達兩億九千五百萬美元，也創下了紀錄。

17 James B. Stewart, *Den of Thieves* (1992); Daniel Fischel, *Payback: Conspiracy to Destroy Michael Milken and His Financial Revolution* (1996)（主張起訴米爾肯並無正當理由，其中牽涉的法律過於模糊，無法適用於米爾肯的行為，而且起訴的動機來自因德克索銀行而蒙受損失的華爾街銀行、因收購案而被解雇的員工所屬工會，以及缺乏法治觀念的政治檢察官魯道夫・朱利安尼〔Rudolph Giuliani〕）。

18 *S.E.C. v. Drexel Burnham Lambert Inc.*, 837 F. Supp. 587 (S.D.N.Y. 1993).

19 參見John C. Coates and Lawrence Lederman, "Management Buyouts and the Duties of Independent Directors to Shareholders and Creditors," in *Corporate Deleveragings and Restructurings* (Practising Law Institute, 1991); Sarah Bartlett, "United Airline Deal: A Costly Fiasco," *New York Times*, October 25, 1989.

20 Michael C. Jensen, "Eclipse of the Public Corporation," *Harvard Business Review*, September–October 1989, 70.

21 KKR & Co. Inc., 2021 Form 10-K, p. 32, https://tinyurl.com/2p8n6ate（三千兩百名員工，七百名專業人士）。

22 從二〇一二年《美國新創企業啟動法》（Jumpstart Our Business Start-ups Act，ＪＯＢＳ法案）的法案名稱便足以說明這一點，法案中包含了只對大型上市公司有利的鬆綁變革。亦可參閱證交會主席傑・克萊頓（Jay Clayton）在二〇一八年八月二十九日納什維爾創業節（the Nashville 36|86 Entrepreneurship Festival）的演講中關於資本形成的評論（將創投、小型企業、新創及法規鬆綁等概念連結起來）。

23 一九八〇年《小企業投資法》（The Small Business Investment Incentive Act of 1980）。

24 證交會當時（和現在）將所謂的「合格投資人」定義為淨資產為一百萬美元且年所得為二十萬美元的投資人。規則Ｄ實施時，並沒有為私募股權基金或創投基金的法律帶來大幅的改變，因為此類基金受其他限制募資潛力的法規所約束。不過，規則Ｄ創造了可供日後遊說放寬限制的法律環境。

25 另一個重要的法規變革是一九九〇年通過實施的規則144A，允許轉賣證券給大型機構投資人（「合格的機構型買家」〔qualified institutional buyers；又稱ＱＩＢｓ〕），不受任何限制。同樣的，當時，此一變革並非主要有利於私募股權基金，因為如第二章討論到的，私募股權基金仍受《投資公司法》（ＩＣＡ）的管轄，而該法案對共同基金及其他類集體投資的管制嚴格。一九九七年，根據規則144A，只要經過短暫的一年等待期，便允許對任何買家的一般轉售，二〇一五年開始允許立即轉售給合格投資人。

26 Thank You, ERISA, Thank You May Day……,” *Forbes*, October 2, 1978; David Gumper, “Venture

Capital Becoming More Widely Available," *Harvard Business Review* 57, January–February, 1979, 178–92。勞工部的進一步遊說舉動，擴大並保存了創投基金（以及後來的私募股權基金）自由地向退休基金募資的能力。請參閱George W. Fenn, Nellie Liang, and Stephen Prowse, "The Economics of the Private Equity Market" Board of Governors of the Federal Reserve System, December 1995, 10–11, https://tinyurl.com/3fhsx5fr.

27 Pub. L.97–34, title II, § 221(a), August 13,1981, 95 Stat. 241, § 44F, now codified as amended at 26 U.S. Code§ 41. 例如，可參閱 https://tinyurl.com/yckxmu9j.

28 Josh Lerner, "The Government as Venture Capitalist: The Long-Run Impact of the SBIR Program," *J. Bus*. 72 (1999), 285.

29 代表美國創投協會（ＮＶＣＡ）作證支持後來成為《全國證券市場改進法》（ＮＳＭＩＡ）的早期版本的是克里斯多福．布洛迪（Christopher W. Brody），華平投資公司（Warburg Pincus & Company）合夥人。Securities Promotion Act of 1996: Hearing on S. 1815 Before the S. Comm. on Banking, Hous., and Urban Affairs, 104th Cong. 3–4, 6 (1996). Securities Investment Promotion Act of 1996 Report of the Committee on Banking, Housing, and Urban Affairs United States Senate to Accompany S. 1815, tinyurl.com/mrtfec3d, p. 2 ("Report on NSMIA")。華平投資當時和現在都是一家頂尖的私募股權公司。

30 關於有用的背景資訊，請參閱Elisabeth de Fontenay,"The Deregulation of Private Capital and the

"Decline of the Public Company," *Hastings Law Journal* 68 (2017), 445。關於《全國證券市場改進法》的重要性的證據，請參閱 Michael Ewens and Joan Farre-Mensa, "The Deregulation of the Private Equity Markets and the Decline in IPOs," *Rev. Fin. Stud.* 33 (2020), 5463–5509（發現《全國證券市場改進法》實施後，比起早期新創公司，後期新創公司更有可能向外州投資人募資，發起一輪大額融資的能力也更為提升。過度強調管制（如《沙賓法案》〔Sarbanes-Oxley Act〕）而非《全國證券市場改進法》的再造／放鬆管制，才是美國首次公開發行（IPOs）數量下降的原因，相關評論請參閱"U.S. Public Equity Markets Are Stagnating," Committee on Capital Markets Regulation, April 2017,https://tinyurl.com/3efctnrr;"Rebuilding the IPO On-Ramp:Putting Emerging Companies and the Job Market Back to the Road on Growth," IPO Task Force, October 20, 2011, https://tinyurl.com/4fezr3n7。關於上市公司的過度管制並非美國IPO數量下降的重要原因，相關證據請參閱"SOX After Ten Years: A Multidisciplinary Review," *Accounting Horizons* 28, no. 3 (2014), 627.

31 此處最令人震驚的例子是衍生性金融商品業的鬆綁，對二〇〇八年金融危機產生重大的影響。Lynn A. Stout, "How Deregulating Derivatives Led to Disaster, and Why Re-Regulating Them Can Prevent Another," *Lombard Street* 1, no. 7 (July 2009), https://scholarship.law.cornell.edu/facpub/723.

32 《全國證券市場改進法》還(a)取代了各州對於仰賴規則D重要規定的公司以及上市公司的資本形成的監管，從而使得私募股權基金（及其他非上市公司）得以不必註冊為上市公司或遵循各州的法律，便能跨州募集資本；(b)全面修改證券相關法律，（首次）要求證交會將資本形成與投資人保護並列為核心目標。此一變革看似符合常識，但在關於監管程序的訴訟案件日益增多的時代，卻對證交會的整體權威形成越來越重要的限制。

33 《投資公司法》禁止創投資金和私募股權基金顧問從他們管理的基金獲得高強度的激勵薪酬，也限制槓桿的使用，並要求頻繁申報其投資組合的持有情況。

34 私募股權商業團體後續遊說進一步鬆綁規則D。國會在二〇一二年頒布《美國新創企業啟動法》，解除了規則D就證券發行進行廣泛宣傳的長期禁令。因此，公司和基金都可以在不觸發證交會註冊與揭露要求的情況下，公開進行募資活動。

35 Elisabeth de Fontenay, "Private Equity's Governance Advantage: A Requiem," *Boston University Law Review*, Vol. 99, No. 3, (2019).

36 Terry Dodsworth, "KKR Stirs Up Corporate Ownership with Leveraged Buyout Schemes," *Financial Times*, December 8, 1983, 23（「像KKR這樣的收購專家」）。

37 Suzanne Bowling, "KKR Acquiring Borden for RJR Stock," Associated Press, September 12, 1994.

38 Randall Smith, "KKR's K-III Investment Format Draws Mixed Reviews," *Wall Street Journal*, July 7, 1994.

39 Yvette Kantrow, "LBO Firms Turn to Leveraged Buildups," *Mergers & Acquisitions Rep.* 8, no. 23 (June 5, 1995), 3.

40 例如，Alan Rappeport, et al, "Carried Interest Loophole Survives Another Political Battle," *New York Times*, August 5, 2022.

41 KKR & Co. Inc.,2021 Form 10-K, https://tinyurl.com/2p8n6ate.

42 George W. Fenn, Nellie Liang, and Stephen Prowse, "The Economics of the Private Equity Market."

43 私募股權基金有時候會同意某些投資人「共同出資」，所以正式的擁有者數量會大於一人，但仍屬少數。

44 分析來自https://publicplansdata.org/——一個由政府財政官員協會（Government Finance Officers Association）、MissionSquare研究院（MissionSquare Research Institute）、全美退休公務人員協會（the National Association of State Retirement Administrators）和波士頓大學退休研究中心（the Center for Retirement Research at Boston College）開發及維護的網站——的數據，顯示在二〇二〇年，有兩百一十九個公共退休金計畫各自擁有超過五萬名受益人，而中位數計畫的受益人數量超過一萬四千人，個人受益人的人數總計達千萬以上。分析美國勞工部二〇一九年私人退休金計畫的數據，七千兩百四十八個參加人數超過一百人的確定給付制計畫（defined benefit plans）各自都擁有超過七千兩百八十個參加者，而所有確定給付制計畫的參加人數超過一千兩百萬人。主權基金代表整個國家。挪威有超過五百萬人口；科威特的人口超過四百萬。保險公司擁有數千甚至數百萬名顧客，其資金被拿來投資於私募股權。波克夏海瑟威公司投資的蓋可保險公司（Geico）稱其保單持有人超過一千七百萬人，https://tinyurl.com/47w6fuzx。

45 私募股權基金的「資產管理規模」（Assets under management，AUM）包括承諾資本（華爾街行話裡的「乾火藥」〔dry powder，閒置資金〕）和已經完成投資部署的資金。

46 Preqin.

47 Julian Evans, "The Return of Main Street Clients; Non-Financial Companies Have Broken Back into the List of the World's Best Investment Banking Clients After Several Years' Absence," *Financial News* (London), June 21, 2011.

48 Steven Davidoff Solomon, *Gods at War: Shotgun Takeovers, Government by Deal, and the Private Equity Implosion* (2009).

49 Liz Moyer, "Global Finance-Deals & Dealmakers: Credit Suisse Tops Goldman in Private Equity Fee Race, "*Wall Street Journal*, January 5, 2011.

50 Josh Lerner and Paul Gompers, *Venture Capital and Private Equity: A Casebook* (1997).

51 Stefania Palma and James Fontanella-Khan, "U.S. Trustbusters: Why Joe Biden Is Taking on Private Equity," *Financial Times*, August 22, 2022.

52 Stefania Palma and James Fontanella-Khan, "U.S. Trustbusters: Why Joe Biden Is Taking on Private Equity."

53 Vojislav Maksimovic, Gordon Phillips, and Liu Yang, "Private and Public Merger Waves," *J. Fin.* 68, no. 5 (2013), 2177; Jared Harford, "What Drives Merger Waves?" *J. Fin. Econ.* 77 (2005), 529–60.

54 二〇一三年證交會的報告指出，由「大型」顧問公司（管理至少二十億美元資產管理規模）提供顧問諮詢服務的私募股權基金，控制了所有私募股權基金資產的三分之二。今天，最大的私募股權集團控制的比例已經接近八成。資產規模的平均值是中位數的七到八倍，反映出大型基金的規模在不斷成長當中。排名在前百分之十的基金平均資產總額為十六億美元，淨額則為十五億美元。

55 Kevin Dowd, “The Biggest Firms in Private Equity Are Clubbing Up Once Again,” *Forbes*, May 9, 2021.

56 高盛是一家提供多種服務的全球性銀行，從當時到現在都在經營相關的私募股權業務。

57 William Alden, “KKR, Blackstone and TPG Private Equity Firms Agree to Settle Lawsuit on Collusion,” *New York Times,* August 7, 2014; Thomas Heath, “Carlyle Settles Collusion Case for $115 Million,” *Washington Post,* August 29, 2014.

58 Micah Officer, O. Ozbas, and B. Sensoy, “Club Deals in Leveraged Buyouts,” *J. Fin. Econ.* 98, no. 2 (2010), 214–40.

59 Kevin Dowd, “The Biggest Firms in Private Equity Are Clubbing Up Once Again.”

60 Reed Sherman, “Why Private Equity Has Jumped on the SPAC Boom of 2020,” Breakout Point, December 28, 2020, https://tinyurl.com /365sxk8e.

61 Mike Leonard, “Bumble Bee Parent Lion Capital Dragged Back into Antitrust Case,” *Bloomberg Law*, March 22, 2022, https://tinyurl.com/mrzx9rtk.

62 此一排名是根據二〇二一年Preqin投資數據公司排行榜上募資金額最大的前十家私募股權公司。

63 大型私募股權集團黑石和大型指數基金集團貝萊德並非同一家公司。貝萊德成立於一九八八年，是一間與黑石合資的企業，但兩家公司的創辦人（分別為蘇世民和勞倫斯・芬克）出現爭執後，黑石便賣掉其在貝萊德的股份，從一九九四年開始，兩家公司便已經不再是關係企業。

64 Ludovic Phalippou, "Beware of Venturing into Private Equity," *J. Econ. Persp*. 23 (2009), 147, 162–64（私募股權衝突的概述）。

65 In re Cherokee Investment Partners LLC and Cherokee Advisers LLC, Investment Advisers Act of 1940 Release No. 4258, Administrative Proceeding File No. 3-16945 (5 November 2015); In re First Reserve Management, LP, Investment Advisers Act of 1940 Release No. 4529, Administrative Proceeding File No. 3-17538 (September 14, 2016); In re Yucaipa Master Manager, LLC, Investment Adviser Act of 1940 Release No. 5074, Administrative Proceeding File No. 3-18930 (13 December 2018); In re Lincolnshire Management, Inc, Investment Advisers Act of 1940 Release No. 3927, Administrative Proceeding File No. 3-16139 (22 September 2014).

66 In re Centre Partners Management, LLC, Investment Advisers Act of 1940 Release No. 4604, Administrative Proceeding File No.3-17764 (January 10, 2017).

67 William A. Birdthistle and M. Todd Henderson, "One Hat Too Many? Investment Desegregation in Private Equity," *U. Chi. L. Rev*. 76 (2009), 45.

68 Julie M. Riewe, Co-director of Asset Management Division, "Conflicts, Conflicts Everywhere," US Securities and Exchange Commission, February 26, 2015, https://www.sec.gov/news/speech/conflicts-everywhere-full-360-view. 關於這類執法的案例，請參閱 Apollo Mgmt. V, L.P., Investment Advisers

Act of 1940 Release No. 4493 (August 23, 2016); Blackstone Mgmt. Partners L.L.C., Investment Advisers Act of 1940 Release No. 4219 (October 7, 2015); In re Kohlberg Kravis Roberts & Co. L.P., Investment Advisers Act of 1940 Release No. 4131, Administrative Proceeding File No. 3-16656 (June 29, 2015).

69 Antoine Gara, "Clearlake, the U.S. Buyout Group Behind the Chelsea Bid," *Financial Times*, May 7, 2022; "ConvergeOne Agrees to Be Acquired by CVC Fund VII for $1.8 Billion," press release, November 7, 2018, https://tinyurl.com /2p939y5n.

70 這些不當行為始於二〇一五年和二〇一六年的民主黨政府時期，但在二〇一八年共和黨政府時期及二〇二一年和二〇二二年新的民主黨政府時期仍持續存在。例如，請參閱Apollo Mgmt. V, L.P., Investment Advisers Act of 1940 Release No. 4493 (August 23, 2016); Blackstone Mgmt. Partners L.L.C., Investment Advisers Act of 1940 Release No. 4219 (October 7, 2015); In re Kohlberg Kravis Roberts & Co. L.P., Investment Advisers Act of 1940 Release No. 4131, Administrative Proceeding File No. 3-16656 (June 29, 2015); In re Cherokee Investment Partners LLC and Cherokee Advisers LLC, Investment Advisers Act of 1940 Release No. 4258, Administrative Proceeding File No. 3-16945 (November 5, 2015). In re Yucaipa Master Manager, LLC, Investment Adviser Act of 1940 Release No. 5074, Administrative Proceeding File No. 3-18930 (December 13, 2018); *Securities and Exchange Commission v. Westport Capital Markets, LLC and Christopher E McClure*, Litigation Release No. 24007

(December 11, 2017); In re Potomac Asset Management Co, Inc and Goodloe E. Byron Jr., Investment Advisers Act of 1940 Release No. 4766, Administrative Proceeding File No. 3-18168 (September 11, 2017); Investment Advisers Act of 1940 Release No. 6049, Administrative Proceeding File No. 3-20900, In the Matter of Energy Capital Partners Management, LP (June 14, 2022)（未能揭露基金中不成比例的費用分配）;Investment Advisers Act of 1940 Release No. 5930, Administrative Proceeding File No. 3-20683, In the Matter of Global Infrastructure Management, LLC (December 20, 2021)（費用和支出未揭露）。

71 F. Modigliani and M. Miller, "The Cost of Capital, Corporation Finance and the Theory of Investment," *Am. Econ. Rev.* 48, no. 3 (1958), 261–97.

72 自一九六九年以來的稅法規定，並於一九八二年採取嚴格的處理方式，若一家公司的借款金額高到它的債務一開始便包括「折扣」在內——也就是說，它收到的資金低於債務的面值——那麼稅法會將折扣的本金視為利息，從而限制了該債務可享有的稅收優惠有效性。請參閱 12 U.S.C. 1272; 26 CFR § 1.163-4.

73 如接下來的更多討論，債務被認為可以解決另外一個市場不完全的問題，也就是當所有權與控制權分離（參見第二章）時產生的剩餘代理成本。一般咸認為債務可以用來「約束」管理階層，迫使他們拿出利潤來還債，而非濫用利潤。

74 額外的管理費，一般來說是管理資產規模的二%，通常被視為一般所得來課稅。

75 二〇二二年的稅率將長期（一年以上）資本利得的最高邊際稅率定為二〇%；一般所得和短期資本利得的最高邊際稅率定為三七%，幾乎是長期資本利得的兩倍。

76 例如，F. P. Schadler and J. E. Karns, “The Unethical Exploitation of Shareholders in Management Buyout Transactions,” *Journal of Business Ethics* 9, no. 7 (1990), 595–602, http://www.jstor.org/stable /25072074.

77 Oleg R. Gredil, “Do Private Equity Managers Have Superior Information on Public Markets?” *Rev. Fin. Stud.* 57 (2022), 321–58.

78 典型的「合理化」說法請參見Michael C. Jensen, “Agency Costs of Free Cash Flow, Corporate Finance, and Takeovers,” *Am. Econ. Rev.* 76 (1986), 323; Michael C. Jensen, “Eclipse of the Public Corporation,” *Harvard Business Review*, September–October 1989, 61.

79 Steven Kaplan, “The Effects of Management Buyouts on Operating Performance and Value,” *J. Fin. Econ.* 24 (1989), 217, 217–18.

80 Ronald W. Masulis and Randall S. Thomas, “Does Private Equity Create Wealth? The Effects of Private Equity and Derivatives on Corporate Governance,” *U. Chi. L. Rev.* 76 (2009), 219, 251-52.

81 Francesca Cornelli and Ōguzhan Karakas,“Private Equity and Corporate Governance: Do LBOs Have More Effective Boards?” in *Globalization Of Alternative Investments Working Papers Volume 1: The Global Economic Impact of Private Equity Report 2008* (World Economic Forum, 2008), 65, 72.

82 Kaplan and Strömberg, “Leveraged Buyouts and Private Equity,” p. 132（指出在一項研究中提到，「有

三分之一的執行長……在上任後的一百天內被換掉，而有三分之二是在四年內的某個時間點遭到替換」）。

83 Nicholas Bloom, Raffaella Sadun, and John Van Reenen, "Do Private Equity Owned Firms Have Better Management Practices?" *Am. Econ. Rev.* 105 (2015), 442.

84 Bryan Burrough and John Helyar, Barbarians at the Gate: *The Fall of RJR Nabisco* (1990); cf. Jesse Edgerton, "Agency Problems in Public Firms: Evidence from Corporate Jets in Leveraged Buyouts," *J. Fin.* 67 (2012), 2187（上市公司被私募股權基金收購後，減少了公務飛機的使用）。

85 Ronald J. Gilson and Jeffrey N. Gordon, "The Agency Costs of Agency Capitalism: Activist Investors and the Revaluation of Governance Rights," *Colum. L. Rev.* 113 (2013) 863, 889, 896.

86 Nicholas Bloom, Raffaella Sadun, and John Van Reenen, "Do Private Equity Owned Firms Have Better Management Practices?"（被私募股權公司收購後，家族企業〔而非上市公司〕的管理有所改善）。請參閱 Elisabeth de Fontenay, "Private Equity's Governance Advantage: A Requiem," *Boston U. L. Rev.* 99 (2019), 1095–1122（私募股權對上市公司的治理優勢已經消失）。另外一個改變是私募股權公司不再進行獨家控制式的收購，而越來越多是持有目標公司的少數部位，因而降低了它們運用在全面融資收購中所特有的強勢治理干預措施的能力。

87 Nickolay Gantchev, Oleg R. Gredil, and Chotibhak Jotikasthira, "Governance Under the Gun: Spillover Effects of Hedge Fund Activism," *Rev. Fin.* 1 (2018); Alon Brav et al, "Hedge Fund Activism, Corporate

Governance, and Firm Performance," *J. Fin.* 63 (2008), 1729, 1731–32; Marcel Kahan and Edward B. Rock, "Hedge Funds in Corporate Governance and Corporate Control," *U. Pa. L. Rev.* 155 (2007), 1021, 1024–25, 1029–42.

88 Steve Kaplan, "The Evolution of U.S. Corporate Governance: We Are All Henry Kravis Now," *J. Private Equity* (Fall 1997), 7–14.

89 Nicholas Bloom, Raffaella Sadun, and John Van Reenen, "Do Private Equity Owned Firms Have Better Management Practices?"

90 Cem Demiroglu and Christopher M. James, "The Role of Private Equity Group Reputation in LBO Financing," *J. Fin. Econ.* 96 (2010), 306.

91 Annie Zhao and Guhan Subramanian, "Go-Shops Revisited," *Harvard Law Review* 133 (2020), 1215.

92 Elisabeth de Fontenay, "Private Equity Firms as Gatekeepers," *Rev. Banking and Fin. L.* 33 (2013), 115, 120–21 and Victoria Ivashina and Anna Kovner, "The Private Equity Advantage: Leveraged Buyout Firms and Relationship Banking," *Rev. Fin. Stud.* 24 (2011), 2462, 2462–63; Ulf Axelson, Tim Jenkinson, Per Stromberg, and Michael S. Weisbach, "Borrow Cheap, Buy High? The Determinants of Leverage and Pricing in Buyouts," *J. Fin.* 68 (2013), 2223; Jonathan B Cohn, Edith S. Hotchkiss, and Erin M. Towery, "Sources of Value Creation in Private Equity Buyouts of Private Firms," *Rev. of Fin.* 26, no. 2 (2022), 257–85; Edith S. Hotchkiss, David C. Smith, and Per Strömberg, "Private Equity and the Resolution of

Financial Distress," *Rev. Corp. Fin. Stud.* 10, no. 4 (2021), 694–747.

93 Victoria Ivashina and Anna Kovner, "The Private Equity Advantage: Leveraged Buyout Firms and Relationship Banking," *Rev. Fin. Stud.* 24, no. 7 (July 2011), 2462–98; Victoria Ivashina, "Note on the Leveraged Loan Market," Harvard Business School Background Note 214–047 (October 2013).

94 Viral V. Acharya, Julian Franks, and Henri Servaes, "Private Equity: Boom and Bust?" *J. Applied Corp. Fin.* 19 (2007), 44; Andrew Ang et al, "Estimating Private Equity Returns from Limited Partner Cash Flows," *J. Fin.* 73 (2018), 1751.

95 除了本文所總結的研究外，另外一條研究方向探討的是私募股權基金在不同基金間的持續連貫性為何隨著時間而降低。Cf. Reiner Braun, Tim Jenkinson, and Ingo Stoff, "How Persistent Is Private Equity Performance? Evidence from Deal-Level Data," *J. Fin. Econ.* 123 (2017), 273（「過去的績效表現不能對未來做出好的預測」）, with Arthur Korteweg and Morten Sorensen, "Skill and Luck in Private Equity Performance," *J. Fin. Econ.* 124 (2017), 535（「我們發現〔不同私募股權基金之間的報酬〕長期下來有很高的連貫一致性，但基金績效的波動很大……使得投資人很難辨識出預期未來表現排名前四分之一的私募股權基金，使得可持續投資的空間變少。」）

96 Ludovic Phalippou and Oliver Gottschalg, "The Performance of Private Equity Funds," *Rev. Fin. Stud.* 22 (2009), 1747. 亦可參閱 Steven N. Kaplan and Annette Schoar, "Private Equity Performance: Returns, Persistence, and Capital Flows," *J. Fin.* 60 (2005), 1791–1823.

97 Robert S. Harris, Tim Jenkinson, and Steven N. Kaplan, "How Do Private Equity Investments Perform Compared to Public Equity?" *J. Inv. Mgmt.* 14 (2016), 14.

98 "CEO of Private Equity Fund Sentenced to 97 Months for $133 Million Bank and Securities Fraud Scheme," Department of Justice, May 13, 2022, https://tinyurl.com/ywf6uf9h.

99 Joan Verdon, "PetSmart's Private Equity Owners Dogged by Worker Rights Campaign," *Forbes*, December 16, 2021, https://tinyurl.com/yck78hre；亦可參閱Jonathan Cohn, Nicole Nestoriak, and Malcolm Wardlaw, "Private Equity Buyouts and Workplace Safety," *Rev. Fin. Stud.* 34 (October 2021), 4832–75（「美國上市公司被私募股權收購後，職場傷亡率〔下降〕」）。

100 Gretchen Morgenson, "Working for Companies Owned by Well-Heeled Private-Equity Firms Can Mean Lower Wages for Employees," NBC News, October 9, 2021, https://tinyurl.com/2zkux8jt.

101 Loren Adler, Kathleen Hannick, and Sobin Lee, "High Air Ambulance Charges Concentrated in Private Equity-Owned Carriers," Brookings, October 13, 2020, https://healthpolicy.usc.edu/brookings-schaeffer/high-air-ambulance-charges-concentrated-in-private-equity-owned-carriers/; Charlie Eaton, "Agile Predators: Private Equity and the Spread of Shareholder Value Strategies to US For-Profit Colleges," *Socio-Econ. Rev.* 20, no. 2 (2022), 791–815（由私募股權基金擁有的營利性大學，或先前是由私募股權基金擁有的上市公司，指出「學生的債務奇高，畢業率奇低」）；Charlie Eaton, Sabrina T. Howell, and Constantine Yannelis, "When Investor Incentives and Consumer Interests Diverge: Private

"Equity in Higher Education," *Rev. of Fin. Stud.* 33, no. 9 (2020), 4024–60（「私募股權擁有的學校更能得到政府援助，但在收購後，我們觀察到教育資源投入、畢業率、貸款償還率和畢業生的收入都變得較低了」）。

102 Dylan Scott, "Private Equity Ownership Is Killing People at Nursing Homes: A New Study Describes the Human Toll of Private Equity Firms Buying Up Nursing Homes," Vox, February 22, 2021, https://tinyurl.com/54dy75kp.

103 "Profit Over Safety: Private Equity's Leveraged Bet on Packers Sanitation," Private Equity Stakeholder Project, March 2022, https://tinyurl.com/2p884fb5.

104 Danny Hakim, "Carlyle Settles with New York in Pension Case," *New York Times*, May 14, 2009; Mara Faccio and Hung-Chia Hsu, "Politically Connected Private Equity and Employment," *J. Fin.* 72, no. 2 (2017), 539–74（在政治關係良好的私募股權公司進行收購後，我們發現選區的就業機會有所成長，在選舉年和高度腐敗程度的州更是如此）。亦請參閱 Todd C. Frankel, "The Search for Oligarchs' Wealth in U.S. Is Hindered by Investment Loopholes: Finding Yachts and Mansions Is Easier Than Uncovering Money in Private Equity Funds That Don't Need to Adopt Anti-corruption Rules, Experts Say," *Washington Post*, March 16, 2022.

105 Aymeric Bellon, "Does Private Equity Ownership Make Firms Cleaner? The Role of Environmental Liability Risks," working paper, November 2021（發現私募股權所有權使有毒物質的整體排放量減

少了，但環境保護執法不力的地區，譬如聯邦和美國原住民領土上的排放量增加了）。

106 例如，Hiroko Tabuchi, “Private Equity Funds, Sensing Profit in Tumult, Are Propping Up Oil,” *New York Times*, November 13, 2021; David Fickling, “Why Private Equity Won’t Be the Savior of Fossil Fuels,” FAMag, January 6, 2022, https://tinyurl.com/yjz9pf8v（認為私募股權公司不願意收購碳排放企業，因為它們需要退場才能賺到利潤，考慮到轉型風險，它們預期這類企業的價值乘數會下降）。

107 Selin Bucak, “Private Equity Funds May Come Under Increased Scrutiny for Failing to Prevent Human Rights Abuses by Portfolio Companies,” CityWire, July 22, 2021, https://tinyurl.com /yke2w8dp（據說，私募股權擁有的公司的間諜軟體，被專制政權用來侵犯記者及政敵的隱私）。

108 “Detailed Description of Employment Protection Legislation,” OECD, 2019, https://tinyurl.com/tfm7ty45, and OECD, data https://tinyurl.com/4rsve49r.

109 請參閱 Catherine R. Albiston and Catherine L. Fisk, “Precarious Work and Precarious Welfare: How the Pandemic Reveals Fundamental Flaws of the U.S. Social Safety Net,” 42 Berkeley J. Emp. & Lab. L. 257 (2021).

110 Romain Duval, “Heterogeneity and Persistence in Returns to Wealth,” IMF Working Paper, July 2018.

111 Steven J. Davis, John Haltiwanger, Kyle Handley, Ron Jarmin, Josh Lerner, and Javier Miranda, “Private Equity, Jobs, and Productivity,” *Am. Econ. Rev.* 104, no. 12 (2014), 3956–90（「在私募股權收購後，被收購的目標企業會比對照組的企業經歷更嚴重的失業」，收購既會導致大量的工作毀滅，但也

112

會創造工作機會，這對許多勞工來說隱含著就業轉換的成本：「收購五年後，目標企業的工作流失總數比對照組企業累計高出十個百分點。因此，在被私募股權收購後，既有的職位面臨更大的流失風險」）；Manfred Antoni, Ernst Maug, and Stefan Obernberger, "Private Equity and Human Capital Risk," *J. Fin. Econ.* 133, no. 3 (2019), 634–57（「收購後，整體就業人數減少，而員工流動率增加」）；Mark Heil, "How Does Finance Influence Labour Market Outcomes? A Review of Empirical Studies," *J. Econ. Stud.* 47, no. 6 (2020), 1197–1232（「可能減少就業機會的因素包括融資收購對被收購公司的影響」）；Martin Olsson and Joacim Tåg, "Are Foreign Private Equity Buyouts Bad for Workers?" *Econ. Ltrs.* 172(C) (2018), 1–4（本國而非跨國收購會減少就業機會和工資）。Steven J. Davis, John Haltiwanger, Kyle Handley, Ron Jarmin, Josh Lerner, and Javier Miranda, "Private Equity, Jobs, and Productivity," p. 3959（「相較於對照組企業，目標企業會更積極關閉總要素生產力（total factor productivity，TFP）分布較低部分的製造工廠。它們也會就TFP分布的較高部分開設新的工廠，速度幾乎是對照組企業的兩倍，而且它們開設低生產力工廠的可能性要小很多。」）；Manfred Antoni, Ernst Maug, and Stefan Obernberger, "Private Equity and Human Capital Risk,"（「收購案目標企業的員工，在收購後的第五年，其收入跌幅相當於中位數收入的二・八%。」）工資減少（或工資成長放緩）會被重新包裝成「生產力改進」。在〈Private Equity, Jobs, and Productivity〉一文中，生產力被定義為「產出」減去各種「投入」，包括「生產和非生產工人的總工時」在內。如果時薪下降，而營收持平或成長，生產力就會成長。

113 例如，參見Eileen Appelbaum, Written Testimony before the United States Senate Committee on Banking, Housing, and Urban Affairs Subcommittee on Economic Policy Hearing Entitled: Protecting Companies and Communities from Private Equity Abuse (October 20, 2021)（指出玩具反斗城收購案和隨後的破產對社區造成了負面影響，這讓私募股權基金的投資人血本無歸，但KKR、貝恩資本和維納多〔Vornado〕仍從中獲利）。

114 他們持有多少股份的極度不確定性，反映出控制權和所有權的複雜性，在上市私募股權公司裡是很典型的情況。凱雷的年度委託書報告（第六十九頁）中，稱其高級管理人員和董事總共擁有三〇%的股份，但也說凱雷管理公司（其中高階主管也擁有最大的股份）擁有四三%的股份（包含高級管理人員和董事直接擁有的三〇%股份）。三五%這個數字直接引自《紐約時報》對其中一位創辦人暨高階經理人大衛．魯賓斯坦（David Rubenstein）的採訪。A. R. Sorkin, “A Leadership Shakeup That Rattled Wall Street,” Dealbook, September 3, 2022.

115 Lawrence Mishel and Julia Wolfe, “CEO Compensation Has Grown 940% Since 1978, Typical Worker Compensation Has Risen only 12% During That Time,” Economic Policy Institute, August 14, 2019, https://tinyurl.com/yw2y4a4t.

116 Steven N. Kaplan and Joshua Rauh, “It’s the Market: The Broad-Based Rise in the Return to Top Talent,” *J. Econ. Persp.* (2013).

117 Thomas Piketty, *Capital in the Twenty-First Century* (2014).

118 Martin Olsson and Joacim Tåg, "Private Equity, Layoffs, and Job Polarization," *J. of Labor Econ.* 35, no. 3 (2017), 697–754.

119 Thomas Piketty, *Capital in the Twenty-First Century*, 332.

120 例如，Douglas Holtz-Eakin, Testimony, Protecting Companies and Communities from Private Equity Abuse, United States Senate Committee on Banking, Housing, and Urban Affairs Subcommittee on Economic Policy (October 20, 2021).

第四章

1 Gerald F. Davis and Tracy A. Thompson, "A Social Movement Perspective on Corporate Control," *Adm. Sci. Q.* 39 (March 1994), 141–73.

2 June Hu, Melissa Sawyer, and Marc Treviño, "2022 Proxy Season Review: Rule 14a-8 Shareholder Proposals," Harvard Law School Forum on Corp. Gov., August 25, 2022; SEC Substantial Implementation, Duplication, and Resubmission of Shareholder Proposals Under Exchange Act Rule 14a-8, Release No. 34-95267 (September 12, 2022), https://www.sec.gov/rules/proposed/2022/34-95267.pdf (Table 2).

3 Jayne W. Barnard, "Institutional Investors and the New Corporate Governance," 69 *North Carolina Law Review* 1135, 1156 (1991).

4 Roberto Tallarita, "Stockholder Politics," *Hastings Law Journal* 73, no. 6 (2022), 1617, 1647.

5 對美國的機構股東來說，一九八〇年代末期以來的政治成功，和他們未曾參與一九六八年通過的聯邦法律《威廉斯法》（Williams Act）的辯論形成鮮明對比，後者是針對一九五〇年代和一九六〇年代乍現、經濟意義不大的收購浪潮的回應。正如法學家約翰・阿莫爾（John Armour）、大衛・阿瑟・斯基爾（David A. Skeel Jr）指出，沒有機構股東代理人針對那個法規在國會聽證會上談話。John Armour and David A. Skeel Jr., "Who Writes the Rules for Hostile Takeovers, and Why? —The Peculiar Divergence of U.S. and U.K. Takeover Regulation August," *Geo. L. J.* 95 (2007), 1727. 反之，是證交會捍衛股東權利，反對企業管理階層遊說。例如，Full Disclosure of Corporate Equity Ownership and in Corporate Takeover Bids: Hearings on S. 510 Before the Subcomm. on Securities of the Comm. on Banking and Currency, 90th Cong. 43 (1967), at 178（美國證交會前主席曼努埃爾・科恩〔Manuel Cohen〕的聲明）。

6 Roberto Tallarita, "Stockholder Politics," pp. 1617, 1642 (Table 6), and 1661 (Table 9).

7 近年來，單單國家公共政策研究中心（National Center for Public Policy Research）就發出超過一百項提案。Roberto Tallarita, "Stockholder Politics," p. 1663.

8 Roberto Tallarita, "Stockholder Politics," p. 1634.

9 Roberto Tallarita, "Stockholder Politics," p. 1635.

10 For State Street's gender diversity policy，請參閱 https://tinyurl.com/yc4kskdk.

11 評論家對這座雕像的看法莫衷一是，例如，Christine Emba, "'Fearless Girl' and 'Charging Bull' Are

More Alike Than You'd Think," *Washington Post*, April 14, 2017; Jillian Jorgensen, "Letitia James Wants Fearless Girl to Be Permanent," *Daily News*, May 13, 2017.

12 https://www.statestreet.com/values/inclusion-diversity/diversity-goals.html.

13 請參閱 https://tinyurl.com/2p8d3dbb. Vanguard similarly reports "581 engagements related to diversity (up from 198 the previous year)," https://tinyurl.com/bdf3xm8f.

14 "Guidance on Diversity Disclosures and Practices," State Street, January 2022, https://tinyurl.com/2mfxtpkz.

15 "Report: Disclosure of US Board Diversity Soars; Boards Increase Gender Diversity Faster Than Racial and Ethnic Diversity," The Conference Board, press release, October 19, 2021, https://tinyurl.com/28kj32t2.

16 例如，Paul Gompers and Silpa Kovvali, "The Other Diversity Dividend," *Harvard Business Review* 72, July–August 2018; Cedric Herring, "Does Diversity Pay? Race, Gender, and the Business Case for Diversity," *Am. Soc. Rev.* 74, no. 2 (2009), 208; David Rock and Heidi Grant, "Why Diverse Teams Are Smarter," *Harvard Business Review*, November 4, 2016; Stephanie J. Creary, Mary-Hunter ("Mae") McDonnell, Sakshi Ghai, and Jared Scruggs, "When and Why Diversity Improves Your Board's Performance," *Harvard Business Review*, March 27, 2019; 亦可參閱 G. Bernile, V. Bhagwat, and S. Yonker, "Board Diversity, Firm Risk, and Corporate Policies," *J. Fin. Econ.* 127 (2018), 588–612（「更高度的董事會

多元化可以減少波動並提高績效」）；M. Nadeem, T. Suleman, and A. Ahmed, "Women on Boards, Firm Risk and the Profitability Nexus," *Int'l Rev. of Econ. & Fin.* 64 (2019), 427–42（「〔女性董事〕和公司風險對獲利能力的正面影響」）；O. Kuzmina and V. Melentyeva, "Gender Diversity in Corporate Boards: Evidence from Quota-Implied Discontinuities," working paper, 2021（「企業董事會若有更多女性，對托賓Q比率〔Tobin's Q，即價值〕*的購買—持有報酬有很大的正面影響」）。

17 Jason M. Thomas and Megan Starr, "From Impact Investing to Investing for Impact," The Carlyle Group, 2020, https://www.carlyle.com/sites/default/files/2020-02/From%20Impact%20Investing%20to%20Investing%20for%20Impact_022420.pdf.

18 請參閱 https://tinyurl.com/2nunrz2c.

19 例如，David Burton: "Nasdaq's Proposed Board-Diversity Rule Is Immoral and Has No Basis in Economics," *Heritage Foundation Blog*, March 9, 2021; Richard Morrison, "Nasdaq's Board Diversity Rule Still a Mistake," *Competitive Enterprise Institute Blog*, August 10, 2021; Pat Toomey, "Statement on the SEC's Approval of NASDAQ's Board Diversity Requirements," August 6, 2021; Jesse M. Fried, "Will Nasdaq's Diversity Rules Harm Investors?" 12 *Harv. Bus. L. Rev.* Online, art. 1, 2021, at 1. 傑西・M・弗里德（Jesse M. Fried）†依靠研究挪威的董事會多元化強制要求的結果，闡明這些被政治化的類輿論專欄回應的本質，就好像是它已經被當作證明那斯達克的「遵循或解釋」標準，而且並未引述「遵循或解釋」的董事會規則有比強制要求帶來更好效果的研究。Larry Fauver et al., "Board

Reforms and Firm Value: Worldwide Evidence," *J. Fin. Econ.* 125 (2017), 120（發現在四十一個國家裡，就提升公司價值來說，基於「遵循或解釋」的改革高於基於規則的公司董事會改革）。他說，最近針對挪威強制要求的研究只是「質疑其中一些結果的重要程度」，而事實上，B. Espen Eckbo et al., "Valuation Effects of Norway's Board Gender-Quota Law Revisited," *Man. Sci.* 68, no. 6 (2022), 4112–34，發現「挪威配額法規的價值變動效果在統計上微不足道」。弗里德引述諸多發現加州董事會多元化強制要求產生負面成效的研究，但並未指出，其中有一項他聲稱強制要求已經引發負面成效的研究，實際上得歸咎州政治發出更廣泛的訊號，而非強制要求本身。Felix von Meyerinck, Alexandra Niessen-Ruenzi, Markus Schmid, and Steven Davidoff Solomon, "As California Goes, So Goes the Nation," *SSRN*, August 31, 2021, https://ssrn.com/abstract=3303798. 弗里德堅稱，那斯達克「視而不見」他在另一項特別描述為「底線」的研究，即Renée B. Adams and Daniel Ferreira, "Women in the Boardroom and Their Impact on Governance and Performance," *J. Fin. Econ.* 94 (2009), 291，為此弗里德說：「性別多元化對公司績效的平均影響是負面的。」然而，那斯達克不僅在自家的提案中承認這項研究，更指出它發現多元化可能「對擁有強大股東權利的公司產生有害影響」。（請參閱 https://tinyurl.com/2nunrz2c）弗里德沒有留意到，證交會的批准令引述同一項研究，並正確總結：「這項研究觀察到，性別多元化對公司業績的影響有可能是負面的，而且一

* 譯注：可簡化說成衡量營運績效的比率。

† 譯注：哈佛法學院教授。

般來說是取決於分析作業的詳細規格。」（請參見：https://tinyurl.com/ym75tv43）弗里德的「底線」是取自這項研究的摘要，而且並未公平擷取研究的整體發現。那些發現包括一套旨在控制內生性的關鍵詳細規格，而這是作者評論早期研究的主要基礎之一。在那套詳細規格中，平均影響是負面的，但是統計上並不顯著——就科學意義來說等同於零。換句話說，這項研究的實際「底線」混沌不清，有些正面發現、有些負面發現，有些則為零。

20 Cozen O'Connor, "Diversity or Discrimination? Amicus Brief Argues Against Nasdaq's Board Diversity Rule," JDSupra, January 7, 2022, https://www.jdsupra.com/legalnews/diversity-or-discrimination-amicus-2635144/.

21 For amicus brief，請參閱 https://tinyurl.com/2subpchz.

22 Nasdaq Stock Mkt. LLC, Response to Comments and Notice of Filing of Amendment No. 1 of Proposed Rule Change to Adopt Listing Rules Related to Board Diversity (February 26, 2021), at 12. 然而，指數基金在如何處理議題的細節方面涇渭分明，它們亦然，僅道富銀行提報專門支持這套標準的評論信函。

23 Jesse M. Fried, "Will Nasdaq's Diversity Rules Harm Investors?"

24 Memorandum to Eugene B. Sydnor Jr. from Lewis F. Powell Jr., Education Committee Chairman, US Chamber of Commerce (August 23, 1971), https://tinyurl.com/bdhkr2vm.

25 George F. Will, "Let's Play 20 Questions," *Newsweek*, March 15, 1999.

26 "McCain's Future," *Wall Street Journal*, March 10, 2000. 請參閱 Norman Ornstein, "Full Disclosure: The

Dramatic Turn Away from Campaign Transparency," *New Republic*, May 7, 2011.

27 George F. Will, "Let Us Disclose That Free-Speech Limits Are Harmful," *Washington Post*, July 11, 2010.

28 John C. Coates and Taylor Lincoln, "Fulfilling the Promise of 'Citizens United,'" *Washington Post*, September 6, 2011, and related white paper, available at https://ssrn.com/abstract=1923804.

29 John C. Coates, "Corporate Politics, Governance, and Value Before and After *Citizens United*," *Journal of Empirical Legal Studies* 9 (2012), 657–96.

30 Lucian Bebchuk and Robert J. Jackson, "Corporate Political Speech: Who Decides?" *Harv. L. Rev.* 124 (2010), 83–117; Paul K. Chaney, Mara Faccio, and David Parsley, "The Quality of Accounting Information in Politically Connected Firms," *J. Acc't & Econ.* 51 (2011), 58–76; Mara Faccio, "Differences Between Politically Connected and Non-Connected Firms: A Cross-Country Analysis," *Fin. Mgt.* 39 (2010), 905–27; Mara Faccio, Ronald W. Masulis, and John J. McConnell, "Political Connections and Corporate Bailouts," *J. Fin.* 56 (2006) 2597– 2635; Michael Hadani and D. Schuler, "In Search of El Dorado: The Elusive Financial Returns on Corporate Political Investments," *Str. Mgt. J.* 34 (2013), 165–81; Rajesh Aggarwal, Felix Meschke, and Tracy Yue Wang, "Corporate Political Donations: Investment or Agency?" *Bus. and Politics* 14, no. 1 (2012); Jin-Hyuk Kim, "Corporate Lobbying Revisited," *Bus. and Politics* 10, no. 2 (2008).

31 "2020 CPA-Zicklin Index of Corporate Political Disclosure and Accountability," Center for Political Accountability, https://tinyurl.com/6yt4vr23.

32 "2022 Proxy Season Review: Part 1," Sullivan and Cromwell, LLP, August 8, 2022, https://tinyurl.com/3dmdh65w.

33 "2019 Proxy Season Analysis," CPA, December 17, 2019, https://tinyurl.com/3zyzfrpf.

34 "Corporate Governance Policies," Council of Institutional Investors, March 7, 2022, https://www.cii.org/files/03_07_22_corp_gov_policies.pdf.

35 "2019 Proxy Season Analysis."

36 "Voting Insight: Corporate Political Activity Shareholder Proposal at Flowers Foods," Vanguard Investment Stewardship Insights, July 2022.

37 Analysis of Investment Company Institute, OpenSecrets, https://tinyurl.com/277ebvjz.

38 OpenSecrets, https://www.opensecrets.org/federal-lobbying.

39 舉例來說，貝萊德使出數據花招，最小化指數基金所有權日益成長的規模。請見 https://corpgov.law.harvard.edu/2019/07/17/shareholders-are-dispersed-and-diverse/（呈現全球股票市場總市值中，指數基金集團的所有權數據，在操作時納入規模較小的公司，還有那些指數基金的市占率較低，但日益成長的地理區域的公司，進而扭曲美國最大型企業的實際所有權比率。）在另一個範例，當一名指數基金產業代表批評一篇聲稱反壟斷損害的學術論文，作者洗耳恭聽，三十分鐘後，就在聽完作者本人的回應——雖然沒有針對整個主體做出結論，但確實令人信服地否認批評言論使用「稻草人」錯誤描述作品的一些方式——卻還是重覆同一套批評，就像作者本人從未回應過似的。

40 例如，http://www.law.harvard.edu/faculty/bebchuk/Harvard-Law-School.mp4.

41 例如，https://corpgov.law.harvard.edu/2019/08/07/diversified-portfolios-do-not-reduce-competition/; https://tinyurl.com/5bvvek2a; https://tinyurl.com/bdzbkwch.

42 例如，https://tinyurl.com/ycxnkyu2（貝萊德註冊遊說單位，就S.1811，即《合併執法改良法案》〔Merger Enforcement Improvement Act〕，拜會參議院銀行委員會〔Senate Banking Committee〕的公開揭露，這項法案將要求美國聯邦貿易委員會〔Federal Trade Commission，ＦＴＣ〕研究共同所有權對競爭的影響。）

43 "Who Cares Wins: Connecting Financial Markets to a Changing World," https://tinyurl.com/2nt6dcsx. 背書企業包括荷蘭銀行（ABN Amro）*、法商ＡＸＡ安盛保險集團、巴西銀行（Banco do Brasil）、法國巴黎銀行（BNP Paribas）、瑞士信貸（Credit Suisse）†、德意志銀行（Deutsche Bank）、高盛、滙豐（ＨＳＢＣ）、摩根士丹利（Morgan Stanley）和瑞銀集團（ＵＢＳ）。

44 "Disinvestment from South Africa: They Did Well by Doing Good," *Contemp. Econ. Pol'y* 15, no. 1 (January 1997), 76–86. 美國智庫傳統基金會（Heritage Foundation）標示這場運動帶有「脅迫性」，動機是「復仇」。"For US Firms in South Africa, the Threat of Coercive Sullivan Principles," Heritage Foundation, November 12, 1984; "The Choice for U.S. Policy in South Africa: Reform or Vengeance,"

---

* 譯注：二〇一〇年正式更名為蘇格蘭皇家銀行（The Royal Bank of Scotland N.V.）。

† 譯注：二〇二三年正式被瑞銀集團（ＵＢＳ）收購。

Heritage Foundation, July 25, 1986. 至今，傳統基金會都沒有譴責石油和天然氣業者說服德州和西維吉尼亞州停止與貝萊德做生意的努力。

45 Christopher Geczy, Robert F. Stambaugh, and David Levin, "Investing in Socially Responsible Mutual Funds," *Rev. of Asset Pricing Stud.* 11, no. 2 (2021), 309–51.

46 Tania Lynn Taylor and Sean Collins, "Ingraining sustainability in the next era of ESG investing," Deloitte Insights, April 5, 2022, https://tinyurl.com/3ettetyz.

47 例如，Andrew Ross Sorkin, "BlackRock's Message: Contribute to Society, or Risk Losing Our Support," *New York Times*, January 15, 2018.

48 商學教授發表關於信函的專欄文章，好比Knut Haanaes and Paul Strebel, "The BlackRock Letter: A Turning Point for Real Change? A Strong Endorsement of the Emergence of a Serious Approach to Sustainability," IMD, February 2018, https://tinyurl.com/mptwz92u，律師事務所也是如此，像是 Paul A. Davies, Michael D. Green, and James Bee, "BlackRock 2022 Letter to CEOs Highlights the Importance of Sustainability," Latham & Watkins LLP, February 16, 2022, https://tinyurl.com/4mcxn9js.

49 Larry Fink, "The Power of Capitalism," 2022 Letter to CEOs, blackrock.com/corporate/investor-relations/larry-fink-ceo-letter.

50 Larry Fink, "Annual Letter to CEOs: A Sense of Purpose," January 12, 2018, https://tinyurl.com/459235v6.

51 Larry Fink, "A Fundamental Reshaping of Finance," 2020 Letter to CEOs, blackrock.com/us/individual/larry-fink-ceo-letter.

52 Securities and Exchange Commission, Enhancement and Standardization of Climate-Related Disclosures for Investors, Rel. Nos. 33-11042; 34-94478 (March 21, 2022), https://tinyurl.com/ur6345v4.

53 BlackRock Letter, June 17, 2022. https://www.blackrock.com/corporate/literature/publication/sec-enhancement-and-standardization-of-climate-related-disclosures-for-investors-061722.pdf.

54 Letter from US Chamber of Commerce to Vanessa A. Countryman, Secretary, US Securities and Exchange Commission, June 16, 2022, https://tinyurl.com/37seucxt.

55 Letter from Continental Resources to Gary Gensler, Chairman, Securities and Exchange Commission, June 17, 2922, https://tinyurl.com/78ck8w8p.

56 Letter from Occidental Petroleum Corporation to Vanessa A. Countryman, Secretary, US Securities and Exchange Commission, June 17, 2022, https://tinyurl.com/4xnbxybh. 請參閱，supportive letters from Microsoft, Uber, at https://www.sec.gov/comments/s7-10-22/s71022.htm.

57 Angel Au-Yeung, "The 70 BlackRock Analysts Who Speak for Millions of Shareholders," *Wall Street Journal*, June 18, 2022.

58 Angel Au-Yeung, "The 70 BlackRock Analysts Who Speak for Millions of Shareholders."

59 Andrew Ross Sorkin, Vivian Giang, Stephen Gandel, Bernhard Warner, Michael J. de la Merced, Lauren

Hirsch, and Ephrat Livni, "BlackRock Seeks to Defend Its Reputation Over E.S.G. Fight," *New York Times*, September 8, 2022, https://www.nytimes.com/2022/09/08/business/dealbook/blackrock-texas-defend-reputation-esg-fight.html; for BlackRock's response，請參閱 https://tinyurl.com/mryb4ear.

60 Letter from Vanguard to Vanessa A. Countryman, Secretary, US Securities and Exchange Commission, June 16, 2022, p. 2, https://tinyurl.com/37seucxt（「擬議規則不應該強制要求公司揭露不具體的氣候相關資訊。」）

61 OpenSecrets把私募股權和投資公司歸類在它的追蹤範圍，但是在這個類別中，確切的前十大貢獻來源裡面就有八家自認為私募股權公司，而前五大個人遊說客戶中，有四家是私募股權公司，因此，大部分被追蹤的政治捐款實際上是來自私募股權，而非其他型態的投資公司（例如家族辦公室、早期的風險創投或是避險基金），正如OpenSecrets所證實：「所謂的私募股權公司，也就是那些拿個人和機構的資金投資在私有企業而大賺幾十億美元的公司，是構成這個類別的最大區塊。」https://www.opensecrets.org/industries/indus.php?ind=F2600.

62 Taylor Giorno and Srijita Datta, "Private Equity and Hedge Fund Industries Pour Nearly $347.7 Million into 2022 Midterms," OpenSecrets, September 7, 2022, https://tinyurl.com/mu3599nm.

63 Aime Williams and Caitlin Gilbert, "Kyrsten Sinema Is Significant Beneficiary of Private Equity Lobbying Machine," *Financial Times*, August 7, 2022.（「席納瑪的同意有一個值得注意的附帶前提：放棄一個終結臭名昭著的稅收漏洞的承諾，允許私募股權和避險基金經理人降低他們的稅單。」）

64 Taylor Giorno and Srijita Datta, "Private Equity and Hedge Fund Industries Pour Nearly $347.7 Million

into 2022 Midterms."

65 Eileen Appelbaum, "A Surprise Ending for Surprise Billing? Compromise Legislation to End the Practice Has Private Equity Firms Nervous," *American Prospect*, December 16, 2020; Margot Sanger-Katz, Julie Creswell, and Reed Abelson, "Mystery Solved: Private-Equity-Backed Firms Are Behind Ad Blitz on 'Surprise Billing': Two Doctor-Staffing Companies Are Pushing Back Against Legislation that Could Hit Their Bottom Lines," *New York Times*, September 13, 2019, updated September 30, 2021.

66 Peter Lattman, "Private Equity's Makeover Effort Starts with Trade Group," *New York Times*, September 14, 2010, https://archive.nytimes.com/dealbook.nytimes.com/2010/09/14/private-equitys-makeover-effort-starts-with-trade-group/.

67 Peter Lattman, "Private Equity's Makeover Effort Starts with Trade Group."

68 LDA Reports, United States Senate (2012, 2022).

69 Douglas Lowenstein, Testimony before House Financial Services Committee, May 16, 2007, https://tinyurl.com/skpupers.

70 Drew Maloney, Testimony before the U.S. House Financial Services Committee "America for Sale? An Examination of the Practices of Private Funds," November 19, 2019.

71 "Advocates of More Big LBOs Hit with Some Big Hard Facts," *St. Louis Post-Dispatch*, June 4, 1989（「〔KKR〕完成一項被廣泛引用的經濟研究〔依賴〕預估的……數字……〔但是〕KKR的研

究中明顯遺漏『預估』這個字眼。」)

72 "Economic contribution of the US private equity sector in 2020," Ernst & Young, Prepared for the American Investment Council, May 2021.

73 Charles Swenson, "Economic Impact Analysis of the Stop Wall Street Looting Act (S.2155/H.R. 3848)," Center for Capital Markets, November 12, 2019, https://tinyurl.com/2s38svp9.

74 Institute for Private Capital research page, https://uncipc.org/index.php/research/.

75 Katie Hafner, "Why Private Equity Is Furious Over a Paper in a Dermatology Journal," *New York Times*, October 26, 2018. The article was S. Konda, J. Francis, K. Motaparthi, and J. M. Grant-Kels, "Corporatization and Private Equity in Dermatology, Future Considerations for Clinical Dermatology in the Setting of 21st Century American Policy Reform: Corporatization and the Rise of Private Equity in Dermatology," *J. of the Am. Acad. of Dermatology*, 2018.

76 Kem Ihenacho, Clare Scott, and Anne Mainwaring, Latham & Watkins LLP, "PE Firms Poised for Diversity Drive," The Harvard Law School Forum on Corporate Governance, August 15, 2022, https://corpgov.law.harvard.edu/2022/08/15/pe-firms-poised-for-diversity-drive/.

77 Eilis Ferran, "The Regulation of Hedge Funds and Private Equity: A Case Study in the Development of the EU's Regulatory Response to the Financial Crisis," working paper, 2011, https://ssrn.com/abstract=1762119.

78 請參閱https://www.carlyle.com/impact/esg-report-archive; https://www.kkr.com/responsibility/

sustainable-investing.

79 Robert G. Eccles, Vinay Shandal, David Young, and Benedicte Montgomery, "Private Equity Should Take the Lead in Sustainability," *Harvard Business Review*, July–August 2022（引用歐洲工商管理學院〔INSEAD〕全球私募股權計畫的調查）。

80 Angel Au-Yeung, "The 70 BlackRock Analysts Who Speak for Millions of Shareholders."

81 Andrew Ross Sorkin, Vivian Giang, Stephen Gandel, Bernhard Warner, Michael J. de la Merced, Lauren Hirsch, and Ephrat Livni, "BlackRock Seeks to Defend Its Reputation Over E.S.G. Fight," *New York Times*, September 8, 2022.

82 David Gilles, "How Republicans Are 'Weaponizing' Public Office Against Climate Action," *New York Times*, August 5, 2022.

83 Danielle Moran, "DeSantis Amps Up ESG Attack, Banning Strategy for State Pensions," *Bloomberg Law*, August 23, 2022.

84 Andrew Petillon, "The Republican War on 'Woke Capitalism' Is Really Just a War on Capitalism: What the GOP's Hollow Attacks on ESG Investing Are Really About," *Slate*, June 23, 2022.

85 Mike Pence, "Republicans Can Stop ESG Political Bias," *Wall Street Journal*, May 26, 2022; Ross Douthat, "The Rise of Woke Capital" February 28, 2018.

86 March 18, 2022, https://tinyurl.com/yc5pa8by.

87 新聞報導，July 14, 2022, https://tinyurl.com/bddzrjhd.

88 https://www.wsj.com/articles/charlie-munger-expects-index-funds-to-change-the-worldand-not-in-a-good-way-11645055334?.

89 Douglas Cumming and Simona Zambelli, "Private Equity Performance Under Extreme Regulation," *J. Banking & Fin.* 37:5 (2013), 1508–23, citing J. A. Scharfman, *Private Equity Operational Due Diligence: Tools to Evaluate Liquidity, Valuation, and Documentation* (2012); Charlie Eaton, "Agile Predators: Private Equity and the Spread of Shareholder Value Strategies to US For-Profit Colleges," *Socio-Econ. Rev.* 20, no. 2 (2022), 791–815.

90 Alan Rappeport and Emily Flitter, "Carried Interest Is Back in the Headlines. What Would a New Tax Proposal Do?" *New York Times*, July 28, 2022, https://www.nytimes.com/2022/07/28/business/carried-interest-loophole-tax-proposal.html?te=1&nl=the-morning&emc=edit_nn_20220729.

91 William W. Clayton, "Public Investors, Private Funds, and State Law," *Baylor Law Review* 72 (2020), 294.

92 Ludovic Phalippou & Oliver Gottschalg, "The Performance of Private Equity Funds," 22 Rev. Fin. Stud. 1747 (2009); Steven N. Kaplan, S. and Annette Schoar, "Private Equity Performance: Returns, Persistence, and Capital Flows," 60 J. Fin. 1791–1823 (2005); Erik Stafford, "Replicating Private Equity with Value Investing, Homemade Leverage, and Hold-to-Maturity Accounting," https://tinyurl.com/6zmu2drc, later published as "Replicating Private Equity with Value Investing, Homemade

Leverage, and Hold-to-Maturity Accounting," 35:1 Rev. Fin. Stud. 299-342 (Jan. 2022); Robert S. Harris, Tim Jenkinson & Steven N. Kaplan, "How Do Private Equity Investments Perform Compared to Public Equity?," 14 J. Inv. Mgmt. 14 (2016); Farhad Manjoo, "Private Equity Doesn't Want You to Read This," *New York Times* (August 4, 2022).

93 Andrew J Bowden, director of OCIE, "Spreading Sunshine in Private Equity," May 6, 2014, https://tinyurl.com/yckhw8z7.

94 Julie M Riewe, Co-director of Asset Management Division, "Conflicts, Conflicts Everywhere," February 16, 2015; Marc Wyatt, Acting Director of OCIE, "Private Equity: A Look Back and a Glimpse Ahead," May 13, 2015, https://tinyurl.com/nvrmyszv; Andrew Ceresney, Director of Division of Enforcement, Securities Enforcement Forum West 2016 Keynote Address: Private Equity Enforcement, May 12, 2016, https://tinyurl.com/2p9evm7x.

95 提案請見https://www.sec.gov/rules/proposed/2022/ia-5955.pdf.

96 Steven Baker, et al, "The Trend of Increasing Disclosure Obligations for Private Funds Continues in 2022," Proskauer Rose LLP, https://tinyurl.com/5n6vjxjc.

97 S.B. 4857, https://tinyurl.com/3ftbumnn.

98 例如，Andreas Heed, "Regulation of Private Equity," J. Banking Reg. 12 (2010), 24（討論金融危機期間私募股權對銀行的潛在影響）。

99 https://www.warren.senate.gov/newsroom/press-releases/warren-baldwin-brown-pocan-jayapal-colleagues-reintroduce-bold-legislation-to-fundamentally-reform-the-private-equity-industry.

100 Pub. L. 100–379, Statutes at Large, 102 Stat. 890, codified at 29 U.S.C. §§ 2101–2109.

101 Stefania Palma, "Democrats Question Reckitt Benckiser's Plan to Sell Baby Formula Unit," *Financial Times*, June 22, 2022.

102 Antoine Gara, "The Private Equity Club: How Corporate Raiders Became Teams of Rivals: The Industry Was Founded by Mercenary Dealmakers Who Bludgeoned Opponents. But Firms Now Nurture Complex Relationships with Their Competitors," *Financial Times*, August 9, 2022.

103 Stefania Palma, "US Trustbusters: Why Joe Biden Is Taking on Private Equity," *Financial Times*, August 22, 2022.

104 Stefania Palma and James Fontanella-Khan, "Crackdown on Buyout Deals Coming, Warns Top US Antitrust Enforcer. Jonathan Kanter Fears Hollowing Out of American Economy Amid Private Equity Acquisition Spree," *Financial Times*, May 19, 2022.

第五章

1 Heather Gillers and Dion Rabouin, "Pensions Brace for Private-Equity Losses," *Wall Street Journal*, September 24, 2022（報導指出，根據私募股權指數，私募股權「很久以來投資績效都已經超越股

票，這套指數是由數據分析公司柏吉斯〔Burgiss〕負責維運，其中不涵蓋風險創投業者，」但也報導「在截至二〇二一年六月三十日為止的十年間，〔注入私募股權投資〕的收益率和標普500指數一樣為一四．八％。」）

2 Charles Duhigg, "Can Private Equity Build a Public Face?" *New York Times*, December 24, 2006.

3 請參見第三章的注釋，詳細說明退休基金受益人的數據。

4 證交會認為它需要更高職權，以便達到要求任何它認定符合投資者最佳利益的前述內容的程度，國會就應該提供這樣的職權。

5 例如，請參閱 Jason Webb Yackee and Susan Webb Yackee, "Testing the Ossification Thesis: An Empirical Examination of Federal Regulatory Volume and Speed, 1950–1990," *Geo. Wash. L. Rev.* 80 (2012), 1414（表一，顯示數十年來內政部〔Department of Interior〕平均的提議規則比最終規則高出十％或更多）；Jane E. Carmody, "To Withdraw or Not to Withdraw: Reviewability of an Agency's Withdrawn Proposed Rule," *Wash. L. Rev.* 93 (2018), 2107（討論關於規則撤回的常見事實是否應該接受司法審查）。

6 請參閱 Thomas Sowell, *Knowledge and Decisions* (1980), p. 382（「對《憲法》構成的危險其實不那麼存在於特定法律，而是在於普遍的輿論氛圍，在其中，法律和政府不再被視為個人逐步做出改變的架構，而是將他們自己視為直接做出明確改變的手段，依據的基礎則是剛好具備掌控那些機構的任何人的偏好。」）

莫若以明書房BA8043

當少數金融機構控制一切時

指數基金與私募股權基金對經濟與政治的危害

原 文 書 名／The Problem of Twelve: When a Few Financial Institutions Control Everything
作　　者／約翰·科茨（John Coates）
譯　　者／曹嬿恆、柯文敏
編 輯 協 力／張語寧
責 任 編 輯／鄭凱達
版　　權／顏慧儀
行 銷 業 務／周佑潔、林秀津、林詩富、賴正祐、吳藝佳

國家圖書館出版品預行編目（CIP）資料

當少數金融機構控制一切時：指數基金與私募股權基金對經濟與政治的危害）約翰·科茨（John Coates）著；曹嬿恆、柯文敏譯. -- 初版. -- 臺北市：商周出版：英屬蓋曼群島商家庭傳媒股份有限公司城邦分公司發行, 2024.04
面；　公分. --（莫若以明書房；BA8043）
譯自：The problem of twelve : when a few financial institutions control everything.
ISBN 978-626-390-067-7（平裝）
1.CST: 金融機構　2.CST: 金融危機
561.9　　113002420

線上版讀者回函卡

總　編　輯／陳美靜
總　經　理／彭之琬
事業群總經理／黃淑貞
發　行　人／何飛鵬
法 律 顧 問／台英國際商務法律事務所　羅明通律師
出　　版／商周出版
115020台北市南港區昆陽街16號4樓
電話：(02) 2500-7008　傳真：(02) 2500-7759　E-mail: bwp.service@cite.com.tw
發　　行／英屬蓋曼群島商家庭傳媒股份有限公司　城邦分公司
115020台北市南港區昆陽街16號5樓
讀者服務專線：0800-020-299　24小時傳真服務：(02) 2517-0999
讀者服務信箱E-mail: cs@cite.com.tw
劃撥帳號：19833503　戶名：英屬蓋曼群島商家庭傳媒股份有限公司城邦分公司
訂 購 服 務／書虫股份有限公司客服專線：(02) 2500-7718；2500-7719
服務時間：週一至週五上午09:30-12:00；下午13:30-17:00
24小時傳真專線：(02) 2500-1990；2500-1991
劃撥帳號：19863813　戶名：書虫股份有限公司
E-mail: service@readingclub.com.tw
香港發行所／城邦（香港）出版集團有限公司
香港九龍土瓜灣土瓜灣道86號順聯工業大廈6樓A室
E-mail: hkcite@biznetvigator.com
電話：(852) 25086231　傳真：(852) 25789337
馬新發行所／城邦（馬新）出版集團 Cite (M) Sdn. Bhd.
41, Jalan Radin Anum, Bandar Baru Sri Petaling, 57000 Kuala Lumpur, Malaysia.
Tel: (603) 90563833　Fax: (603) 90576622　E-mail: services@cite.my

封 面 設 計／萬勝安
印　　刷／韋懋實業有限公司
經　銷　商／聯合發行股份有限公司　電話：(02) 2917-8022　傳真：(02) 2911-0053
地址：新北市新店區寶橋路235巷6弄6號2樓

■ 2024年4月9日初版1刷　　Printed in Taiwan

定價：420元（紙本）／290元（EPUB）　　版權所有，翻印必究
ISBN: 978-626-390-067-7（紙本）／978-626-390-068-4（EPUB）

城邦讀書花園
www.cite.com.tw